領導與溝通

從「終點」看「起點」的努力

Leadership and Communication:
Efforts to See the "Starting Point" from the "End Point"

王淑俐 / 著

胡序

我的另一半淑俐老師，在民國八十一年就曾寫過《領袖可養成》一書。當時著眼於年輕朋友應培養自己成為「領袖人才」，方能立足於無比競爭的時代。經過二十多年，台灣歷經多次變革及時代的轉換，青年朋友的競爭壓力只有越來越趨緊湊，未曾一刻消停。

在此狀況下，必須有所突破與成長，於是淑俐再度針對此議題撰寫《領導與溝通》一書，期盼為年輕學子找出一條理想的成長途徑，培養真正具有競爭力的人才。

處於今日「完全溝通」及「群體合作」時代，年輕人進入職場即等於進入一個團隊（team）。想成為有用的人才，除了必須在團隊中和別人有效溝通與互相合作外，更需要鍛鍊自己成為一個領導者。不再只是工作者（worker），而成為真正的人才。

我在課堂上和年輕學子互動，常提醒他們必須知道自己讀大學的意義。尤其台灣在教改浪潮後廣設大學，在幾乎人人都可以讀大學的狀態下，導致大學畢業的實際價值或學位價值都直線下滑。很多人拿到文憑後反而迷失了，不知道自己為什麼這麼不值錢，做的工作和高中職畢業的一樣，薪水也所差無幾，甚至比高中職畢業的同學還低。因為他們的年資或資歷比大學剛畢業的同學深很多，薪水相對就比較高。

我透過分析讓這些大學生瞭解，大學畢業和高中職畢業生到底有何差別？否則我們何必多花四年時間及一大筆錢讀大學？讀大學的價值在剛畢業的五年內，和高中職畢業是一樣的，甚至還不如他們。此時大家都是工作者，高中職畢業生還比你早幾年工作，更熟

悉工作內容。一旦超過五年，大學畢業生的價值就漸漸呈現出來。你不再只是工作者，而要成為領導者（leader），有效發揮讀大學的價值，和高中職畢業者拉開距離。

經由以上分析，相信各位讀者朋友當能知悉，如要讓自己讀大學是有意義和有價值，就必須在大學期間培養自己成為「領導人才」。至於具體該怎麼做，這本《領導與溝通》書中，有非常詳盡的解說及實際的方法與步驟。全書分為「領導理論與實踐」、「領袖的修鍊」及「女性領導」三大篇，幾乎涵蓋了所有領導與溝通必須修習的內容和實務經驗。只要大家虛心研讀和嘗試練習，不久的將來，一定有非常大的成長與幫助。

最後，祝福大家在就讀大學或畢業後的職涯都有好的發展，成為真正有用的領導與溝通人才，創造屬於自己的「美麗人生」。

胡興梅 謹識

目　錄

導　論

「請選我擔任學生會的會長，我一定幫你們爭取權益，讓你們不被剝削。」

「唉！為什麼要選我當組長啊？結果所有工作都是我一個人在做。」

關於「領導」，一般人存有不少「幻想」與「迷思」。

幻想的是，重大問題出現時，大家就希望「強人」、「超人」甚至「神人」出現，快速引領大家走出山窮水盡、邁向康莊大道。多數人寧願相信「大師」，把自己「完全託付」給他們，認為這樣勝過獨自摸索、嘗試錯誤。但，**過於依賴，等發現救不了你的時候，也失去自救的能力，全盤皆輸！**

迷思的是——擔任領袖的人，一定做事最多、壓力最大，若不快點拒絕，到頭來就會被壓垮。而且**多數人自認不善於溝通協調、指揮調度，一定無法勝任領袖一職，也阻斷了自己學習與突破的機會。**

領袖不是「萬能的神」，不應以神秘色彩或伶牙俐齒來蠱惑崇拜者。但「單打獨鬥」難以持久，比不上團隊合作能彼此分擔及聚沙成塔，所以還是需要加入團隊與人一起奮鬥。但團隊不能多頭馬車，所以需要領袖的統一帶領。

身為領袖要為大眾及大局著想，要有遠見及毅力，能帶頭及激勵追隨者，這些都是後天可以「增能」的項目。所以目前大學課程愈來愈重視「領導與溝通」，希望培養學生未來在職場上及早「獨當一面」。

不少人在高中階段還積極爭取成為班級幹部、社團負責人，上了大學以後，因為遭遇領導與溝通上多次的打擊與重創，產生「心理陰影」與「習得性無助」，於是「畏縮不前」，潛意識裡「不想

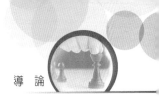

成為領袖」。

　　為什麼害怕成為領袖？大學有許多「分組學習」的機會，剛開始還相信「團結力量大」、「分工有效率」。實際上卻是人多嘴雜、力量抵消，難以取得共識或有效行動。總有些人「按兵不動」，在社群裡當「潛水艇」，靜悄悄等別人做完所有工作。以致小組長或少數負責任者「心力交瘁」，不甘心白白送分數給「不做事的人」。

　　大學同學來自不同背景，差異之大常超過志同道合。若沒有足夠的領導與溝通功力，確實不易與人建立「親密關係」——找到人生伴侶或事業夥伴。不愉快的合作經驗致使不少人對「分組」反感，甚至將班級事務或社團活動拒於門外。然而矛盾的是，還是有避不開的必修課或活動，愈躲只是愈加困擾。

　　領導與溝通好比釀酒，葡萄加進去，美酒不見得能如預料般產生。總要經過多次檢討與調整，才能嚐到甜美的滋味，成為好領袖也是如此！

為什麼寫這本書？

　　我在多所大學開設「人際關係」、「口語表達」、「領導與溝通」、「溝通與激勵」等課程，教得愈久，愈感到「知難行難」。於是我又開一門「翻轉溝通」，彷彿「砍掉重練」或「洗心革面」就能改變現況。但人不是建築物，不可以炸掉重蓋。人只能逐步扭轉，無法強力改變。

　　在「領導與溝通」的教學過程中，自己的收穫與成長最多。如《禮記・學記》說：「學過了，才知學識不足；教導他人，才發現困難重重。知道不足才能自我反省，知道困難才能自我勉勵。所

領導與溝通
——從「終點」看「起點」的努力

4

以說，教與學可以相輔相成。」（「學然後知不足，教然後知困。知不足，然後能自反也；知困，然後能自強也。故曰：教學相長也。」）

當我告訴學生：「領導與溝通必須及早學習」，其實自己的感觸最深。在我讀大學時，唯有擔任社團幹部才有機會學習領導與溝通，當時沒有專門的課程。在我進入職場擔任中層主管時，就常被料想不到的領導與溝通困境「震撼」，因為疲於應付而深感困擾，甚至自我懷疑與喪失自信。如今我強烈鼓勵大學生好好學習領導與溝通，不希望他們「重蹈覆轍」。既然有「預防針」可以打，何必再去承擔風險。

我慶幸自己因為教學生而再次擁有領導與溝通的「高峰經驗」，逐步放寬自我格局、放下自我執著後，終於明白從前領導失敗、溝通不良的原因。知道如何自我修正後，對於如何帶領團隊達成目標也更有信心並嘗到成功的滋味。

我提醒大學生：「此時畏懼領導與溝通，日後將更難應付複雜的職場環境。」儘管你樂觀地相信「船到橋頭自然直」，真實的狀況卻是你不擅長駕船，過多的碰撞之後終於還是「翻船」。

本書幫助你打破領導與溝通的幻想與迷思，針對下述困惑、問題找尋合適的解答。

1. 領袖是天生的嗎？自認不是當領袖的材料，可以經由後天培養嗎？

2. 領袖的決定永遠是對的嗎？下屬該無條件的服從嗎？

3. 領導與溝通能力可重新訓練及增強嗎？有否天生的好口才？

4. 人心看不見、抓不著、猜不到，人際之間怎樣才能良好溝通？

5. 自己的事都處理不完，哪有時間當領袖、操心眾人之事？

到底學什麼？如何學？

本書是為開創事業、達成志業的「年輕人」而寫，主要對象是大學生、研究生，但也包括心境年輕、不老的你。

領導與溝通絕非「依樣畫葫蘆」，更不能「紙上談兵」。除非「真知篤行」、「知行合一」，否則會自相矛盾、露出馬腳，只是「假專家」。

本書將「領導與溝通」並列，與單獨撰寫「領導」或「溝通」的書籍不同。是希望你好好準備「好領袖」的各項本事，以「更好的溝通」帶來「更好的世界」。

本書分為三大篇，共十二章：

第一篇「領導理論與實踐」，包括：誰是領導者——領導的新內涵、培養領袖的特質、領導理論的活用。

第二篇「領袖的修鍊」，包括：情緒掌控與樂觀正面、高度的溝通能力、團隊合作——善用別人的專長、激勵技巧與危機處理、權威與說服力、時間管理的技巧。

第三篇「女性領導」，包括：女性領袖的身心平衡與內外一致、女性領導的楷模、特色與磨練。

學習「領導與溝通」快速、有效的方法如下：

1. 閱讀與討論：搭配本書輔以相關書籍，就像建築物的地基及鋼骨。閱讀後若能與人討論、請教，就有更堅實的基礎。

2. 仿效與追隨：大學階段有很多厲害的師長可「仿效」，不需凡事都靠自己摸索，不僅太慢、浪費時間，往往也來不及。我在大學時，演講與寫稿能力由酈如丘學姐訓練，社團領導與主持能有張新仁學姐調教。「追隨」良師益友，使自己能倍數成長。

3.實習與打工：實習或產學合作是大學課程的一環，除了系上提供的機構，應積極向外尋找更富挑戰的機會（含海外實習與非營利組織），激發內在無窮的潛能。

4.真實演練：擔任社團負責人或任務的總召，可在真實情境中印證或練習自己的領導與溝通技巧，從「做中學」。

本書的編排與特色

◎「好領袖怎麼想」

以知名領袖的名言錄來剖析成功的關鍵，找出「年輕人」可以思考、學習或改進之處。「好領袖」並非遙不可及、仰之彌高，仍從平凡開始，譬如登高山從低處開始，去遠方從近處出發（「君子之道，辟如行遠，必自邇；辟如登高，必自卑。」——《禮記‧中庸》）。學習他們追求「不凡」的過程與精神，尤其是處理挫敗——「反敗為勝」、「放下得失心」的寶貴經驗。

◎「我的生活實驗」

生活實驗可大可小，「小的部分」隨機進行，例如：路上碰到「好像是」一起上通識課程的同學，上前打聲招呼；送張教師節卡給表面看來很嚴肅的教授；選幾門自己害怕的課程，讚美或感謝某些人；設想自己是某個令人討厭的人，練習「設身處地」的同理心。

「大的部分」可由社團或小組進行，例如：舉辦「為癌症病童募款路跑」、「為流浪動物募款義賣」、自由擁抱、菸害防治宣導、露營或宿營，以及各種志工服務等，擁有較大陣仗或目標較高

的活動。

　　以我來說，為了給學生「示範」，我試過不少以前不敢或不想承擔的責任，如系友會義賣活動、為特偏學校募款、帶領學生爬山健行。嘗到成功的甜頭後，我的膽子愈來愈大，於2018年8月成立全國性非營利組織──「華人無國界教師學會」，帶領更多人一起關懷與扶助教育弱勢者。

◎「校園特派記者」

　　我邀請幾位修過「領導與溝通」課程的同學擔任校園特派記者，報導自己與同儕的領導與溝通問題，分析可能的原因，幫助大家避免同樣的過錯。

◎「與高手過招」

　　不論古今中外的名人或生活周遭的小人物，只要是領導與溝通的成功案例（含報章雜誌或親身體驗），都可借重來「聰明學習」。

◎「自我激勵」

　　綜合該章重點，給自己若干激勵的話語，擴充自己的經驗與智慧，達到「融會貫通」的效果。

有你同行，就不怕路難走

Part

1

領導理論與實踐

誰是領導者——領導的新內涵

好領袖怎麼想

★領導學之父華倫‧班尼斯

管理者關注損益，領導者關注全局。

管理者滿足現狀，領導者挑戰現狀。

沒落的組織都是管理過度、領導不足，

領導者是培養多於天賦。

★見賢思齊

一個團體或組織的成長茁壯，不只依靠強而有力的「領導」，也要有健全的「管理」。

領導是將目標轉為「共識」，使成員在其中追求「自我實現」。管理是為了提高工作效能，使成員都能「勝任愉快」。過於強調任何一端都不足以成事，太依賴領導則政策難以延續，過度管理則可能「削足適履」。

領導關心全面與未來，激發成員的潛能與創意，帶領大家面對挑戰、勇於突破，製造更多「高峰經驗」。身為領袖若只關注自己的成就與感受，成員少有表現機會，大家就會與團體疏離，不再關心團體的目標與未來，這個組織就已「失去自我」。

好領袖是培養出來的，即使已有相當的領導經驗與能力，仍可以「精益求精」、更上一層樓。好領袖絕不自滿自大、自我陶醉，假裝自己萬能或一味的逞強；能「謙卑」的學習與訓練，「欣賞」別人的才華，永保「感恩的心」。

第一節　「領導」是需要學習的

　　「三軍易得，一將難求」《三國演義・第七〇回》，將領不是「天生」而是擁有將才的「潛力」，再經培育或琢磨才逐漸展現大將之風。好的企業或組織要像活水一樣能夠「汰舊換新」，也包括領導層級。從「選才」開始，然後「育才」，最後使「將才輩出」。因此，你不必羨慕別人步步高陞或創業成功，而應自我期許「被看見」及「孺子可教」。

　　讀大學以後，你是否發覺「領導」的機會變多了？分組的小組長、班級的小老師、課程的教學助理、社團的社長、系學會的會長或總召等。只要你不逃避責任與負擔，處處都可培養領導的才能。

一、領導時必然會發生的問題

　　無論你是「主動」、「被動」甚至「被迫」擔任領導，請常自我評估，是愈來愈心曠神怡、駕輕就熟？還是愁眉深鎖、心事重重？領導過程中常覺得猶豫不決、無法放手或放心做事嗎？是否信心不足甚至自我懷疑？擔心下列事情嗎？例如：

　　1.我看起來有威嚴嗎？如何「立威」，讓大家口服心服？
　　2.領導需要怎樣的魅力、眼光？如果生性柔弱，是否適合擔任領袖？
　　3.指揮不動某些團隊成員，有人消極抵制、明顯反抗時，怎麼辦？

　　上述擔憂其實是領導過程必然出現的現象，沒有標準的問題解

決答案。領袖的威嚴、氣質、魅力，是由敬業、負責、能力等長期涵養而得，若你強迫別人「服從」，矯枉過正反使情況更糟。**就算表面裝出威嚴，若連你自己都不相信，怎能取信於人？過度注重權威只會流於逼迫與命令，使人更不想與你合作。**

領導者的身分本身就是一種權威，就算你不確定別人是否尊重，自己也應該尊重這個領袖的職位。尊重不是因為你已經做得很好，而是「應該」努力把這個角色扮演好。

若你害怕與團隊成員「面對面溝通」，你覺得說不出足夠理由說服追隨者，或害怕下屬挑戰你的領導權威，別擔心！這些恐懼都在「正常範圍」內，是領袖成長的必經之路。忍一下！撐過去！就能打破「不可能」！

我不到三十歲，就在大學開設「教師口才訓練」課程，不少學員年紀比我還大，有人還質疑我過於年輕。有一天，我看到以前的大學老師也出現在班上當學生，開始角色混淆，失去了擔任領導者應有的自信。

下課後我趕快尋求賈馥茗恩師的「心理輔導」，恩師說：「他來上課，就該有學生的樣子，否則是他的錯。你當老師，就該有老師的樣子，否則是你的錯。」哇！多麼簡明易懂的道理！於是，下次上課時我坦然了，以「教師」的角色公平對待台下所有「學生」，不再有所顧慮。

過於擔心只會造成「負面吸引效應」，形成「雙輸」局面。正常狀況下，領導者會遭遇下列困境：

1. 分配下去的工作有人拖延、不做或完成後不如預期，怎麼辦？
2. 如何領導不同年齡（年級）、個性、成長背景、價值觀的工

作夥伴？

3.如何開口要求別人做事而且多做一些？

4.如何使帶領的組織或團隊財務健全、打開知名度？

5.如何面對與承受組織內外的批評或負面評價？

6.自己不喜歡「管理」（扮黑臉），卻有人無法自動自發，怎麼辦？

　　上述狀況實在不必「大驚小怪」，「知彼知己，百戰不殆」，這些是對領袖的正常考驗與歷練。**團隊成員本有各種狀況，熱情、能力、參與度、責任感、成就動機等各方面，有著程度不同的差異。**大部分人剛開始都不太自動自發，等著領袖發號施令。一旦知道自己能做什麼、發揮什麼，就會大展身手。

　　領袖遭受批評也是必然的事（不被批評才要緊張），藉此瞭解自己的強項與弱項，也看得到哪些人支持你或反對你。領袖絕非完美或不可挑戰，要肯定自己的強項，多與成員解釋為什麼要這麼做；也要虛心接受別人的指正，補強弱項，不浪費寶貴的時間、心力於「無謂的」痛苦、自責與猜疑當中。首先謙虛的接受批評指教，之後自己再冷靜抉擇真正需要調整之處，是平息爭議最有效的方法。

　　以前我不懂這個道理，常將領導困境過度放大，當成是別人與我對立，造成團隊關係不和諧，也顯現我的領導能力不足。其實有些下屬不喜歡或不支持領袖，是很正常的事。也許你的做法對他產生負面影響，或他只單純不喜歡改革，為了自保必須「武裝」（包括聯合別人），抵制你的目標與要求。

二、領導前應有的心理準備

　　真正難以克服的不是外來的「對抗」，而是自己的「心態」；也就是說，你是否準備好走上領導之路？做好走出舒適圈、「吃苦」的心理準備？到底有多苦？打個比方吧！決定減重就不能再隨興吃東西，決定早起就得能爬出溫暖的被窩，決定當領袖就不能覺得目標困難或歷程艱辛，否則如何帶領大家大步向前？若你可能丟下追隨者，這個團隊或組織還有光明的前途嗎？

　　與吃苦相關的是「錯誤的參照標準」，例如：學校的老師或教授不願意兼任學校行政，報酬不高而且要比一般老師付出更多時間與心力。以中小學來說，行政津貼每月才三千多元，與導師津貼差不多；但寒暑假要上班（導師可以放假），更不用說額外開會、辦活動、危機處理等耗費的時間與心力，不符比例原則——付出太多、回收太少，大家「避之唯恐不及」。認知衝突與情緒失衡之下，擔任領袖彷彿落入可怕的漩渦。

　　另外則是領袖的「威望」問題，初接領袖時，總希望大家同心協力、服從指揮，實際上卻有人嗆聲與批評，甚至謠言四起、匿名控訴，使你疲於應付，與想像的「當官」天差地別。真實的職場爭鬥更加慘烈，例如：黑函、篡位、中傷或報復。當你隔著電視螢光幕看「宮鬥戲」，不論恨得牙癢癢或感到正義申張，真實的情況都不那麼「輕鬆」。成為社會人士之前，要先瞭解社會的現實面，但也不必過於悲觀而讓自己綁手綁腳、動彈不得。當然也別太樂觀，以免屆時束手無策、措手不及。

第二節　領導的意義與價值

　　文藝復興時期，義大利的政治學家馬基維利（1469-1527）在其代表作《君王論》一書當中說：「領袖是權利的行使者，是那些能夠利用技巧和手段達到自己目標的人。」領袖能促發追隨者為某些目標而奮鬥，這些目標體現了領袖及追隨者共同的價值觀、動機、願望。

一、領導力的內涵

　　「領導」是權力和影響力的融合。「影響力」是指改變他人的心理和行為，使對方心悅誠服；「權力」則帶有強制性，使下屬被動和被迫服從。領導者需要職位賦予的指揮和強制權力，也要擁有吸引追隨者的影響力。一個好主管要能領導與管理，「管理」是有效地把事情做好，「領導」則是確定所做的事正確。君品酒店總經理盛治仁（2018）說：

> 作為一個主管，同時要扮演領導者和管理者的角色，但是這兩個角色的功能不太一樣。管理者著重的是建立管理制度，確認公司有在常軌上運作，該守的時限有守住，標準作業流程有遵守，預算能夠達標等日常運作。領導者則是應該激勵大家、以身作則、擘畫願景、建立團隊、教導關懷等、讓員工能夠發揮最大熱情與潛力。在不同的階段和情境下，主管應該適時轉換心態，扮演不同角色。

　　成為領導者，的確會比從前多出許多責任，還要管理各式各樣的成員，難免令人畏懼甚至失去信心。大學階段的領導者多半「無權無勢」，但還是得有人「挺身而出」；即使不少根本是麻煩或不可能的任務，也不得不「接受託付」。

　　領袖不再能依「個人好惡」做決定，甚至要顛倒過來——「逆來順受」；多做原本不喜歡的事，喜歡的事卻要減少。恩師賈馥茗先生曾提醒我：「**人長大了，就要學著做自己不喜歡的事，而且努力把不喜歡的事變成喜歡。**」三十幾歲時我未學會這個技巧，擔任領袖常陷入「瓶頸」。自己做得不甘不願、倍感委屈，也無法贏得同仁支持或分擔。於是我愈來愈討厭擔任主管，懷疑自己得了憂鬱症。

　　要成為好領袖，就要學習有效領導，如彼得‧杜拉克（潘東傑譯，2006：63-68）在《視野：杜拉克談經理人的未來挑戰》一書提到：美國總統若能遵守下列六大管理守則，再怯弱也能效率滿滿，否則再強勢也只能事倍功半。

　　1.應該做什麼？
　　2.專心一致。
　　3.沒有事情是絕對的。
　　4.事不躬親。
　　5.總統在政府機構裡不要有朋友。
　　6.選上後就別再搞競選活動了。

　　身為總統，第一要排定施政順序，做「應該做的事」（最重要的事）。要專心一致，不要同時做太多件事。該轉彎時千萬別執著，要馬上應變。事情要能細部分工、各有負責人，不要事事參與。要小心不要受到朋友交情的影響，而無法做到公正的判斷。最

後就是做事時不能有私心，不能將團體目標與個人目標混淆或假公濟私。

領導力不是生而俱有的，要依靠後天用心培育。大前研一（劉錦秀譯，2012：96）在《新領導力——克服危機時代的領導者條件》一書中說：

> 不論是政界或財經界，不能只等著領導人自然出現，領導人是必須付出努力「用心」培育的。

大前研一舉奇異公司與三星公司為例，他們每年都以營業額的百分之一送新員工到其他國家建立人脈、提升語言能力、學習歷史文化，以培育新的領導人才。大前研一發現，歐美國家都很重視孩子的領導力教育（美國、芬蘭、丹麥等），他感慨日本只注重「快點記住正確答案」（頁112），而且誤以為「領導能力是天生的」（頁116）。

現代社會多變且危機四伏，領導工作比起從前更加困難。領袖不可能獨領風騷、高高在上，要學習劉備「桃園三結義」及「三顧茅廬」的精神，尋找各路英雄豪傑一起「成事」。領導者不應彰顯自己，而是「借力使力」——藉眾人之力讓團體壯大。

二、擔任領袖的「好處」

領袖的收穫其實十分可觀，在視野、胸襟、做事方法、時間管理、包容度、情緒管控、觸角等各方面，都能得到顯著的更新與提升。對於個人發展有很大的幫助，也能澈底明瞭「吃虧就是占便宜」、「施比受更有福」的道理。

與高手過招

2010年，智利發生嚴重礦災。33位礦工受困在崩落的地表下700公尺處，長達70天。從第一名礦工成功獲救後，整個援救過程不到23小時。54歲的工頭鄂蘇亞是他們能夠倖存的領袖，也是最後一個出來的人。總統皮內拉親自迎接每一位出來的礦工，這次災難創下「沒有罹難者」的紀錄。

最初的救援行動由礦業部長指揮，但是失敗了。於是，智利總統接手負責，與受困礦工家屬一起待在礦坑外臨時營地裡。他明確宣示全力營救、不計成本，並向智利最大礦業公司——智利國家銅業尋求幫助，該公司推薦安德烈·蘇加瑞——擁有二十年經驗的採礦工程師。安德烈·蘇加瑞親自挑選兩名礦場主管、一名溝通專家，以及一名心理學家一起負責救援。他向礦工家屬及智利民眾提供希望，但不掩飾救援行動可能的困難。

為了提升執行成功的機會，蘇加瑞根據情勢變化，隨時招募新的專家來因應。他持續接觸各個任務群組，巡查團隊工作的劃分是否適當，他不時強調彼此相互依賴的重要，賦予各群組思考、組織、實驗和反省的空間。還由擁有心理學位的風險專家瑞尼·阿吉拉負責，每天親自向家屬和媒體報告最新情況。

蘇加瑞、阿吉拉兩人致力於激勵技術團隊，幫助成員面對頻繁的挫敗和令人沮喪的緩慢進展。每次碰到障礙，多位領導人會緊密合作。領導階層創造了一個令人感到安全的環境，從不責怪任何人，只聚焦在「從失敗中學習」。

蘇加瑞鼓勵團隊快速做事，但挫敗經驗無可避免，關鍵在於要能「快速受挫，快速學習」。並且要同時執行多個構想，不是一個

一個來，因為時間是他們最缺乏的資源。在變動的情況下，領導人必須包容執行作業的瑕疵，因為很少新構想首次嘗試便能完美執行。

地底深處，工頭路易斯・鄂蘇亞也沉著應變，他幫助所有受困者克服前三天的混亂與衝突，恢復秩序並懷抱希望。在食物有限、健康惡化的威脅下，礦工採用民主領導方式，分配日常工作與資源，劃分居住與廢物處置區，並使用照明系統模擬日與夜。藉由分享自己的故事來消磨時間，彼此的感情也因此加深。

《天崩地裂之後：33位智利礦工的現代奇蹟》（傅葉譯，2014）一書作者強納森・富蘭克林（Jonathan Franklin），是唯一獲准進入前線、近距離報導整個事件的文字記者。他還參與行動會議、與前線醫生對談，更是第一位採訪受難礦工的記者。

這是有史以來規模最大的救援作戰，比台北101大樓還深的地下700公尺處，33位礦工在攝氏32度、濕度95%的礦底生活69天。上自美國太空總署，下至智利潛艇部隊，救援行動結合了全球最新科技與頂尖專家。

身處災難中的礦工，沒有為一罐鮪魚罐頭而你爭我奪，反而制訂民主制度，每日進行辯論，最後投票表決。庫存食物僅能供10位礦工生活2天，但33人卻維持了17天。

智利政府對全世界發出呼喊，要求提供最新科技救出礦工。世界各國頂尖專家紛紛前來，並提供鑽井設備。美國太空總署NASA更以外太空人的封閉經驗前來協助，利用子彈型鳳凰號救生艙，將所有被困礦工安全地吊送地面。整個進度，比原先預計的時間快了一個多月。

擔任領袖的獲益，不是更大的權力或眼前的利益，而是下列成長：

1.使自己更有勇氣、不怕困難，能迎接挑戰。

2.冷靜、就事論事，提高受挫能力，減少受挫感受與時間。

3.能與各種人溝通與共事，結合各領域專家的力量。

4.不在乎別人對自己的評價與成敗，也不隨意評價及打擊下屬。

5.做事更有創意，更敢於築夢與逐夢。

6.能更快速且幫助更多的人。

「要怎麼收穫先怎麼栽」，領導者要自勉：堅持下去，絕不放棄。**偉大的領袖不是一天造成的！現在，讓我們一起出發吧！**

我 的 生 活 實 驗

小實驗：找到《天崩地裂之後：33位智利礦工的現代奇蹟》這本書，用頭腦最清明的時間好好拜讀，看看自己有哪些感動或感觸。

大實驗：與一群有領袖潛能的人一起，每人找一本類似《天崩地裂之後：33位智利礦工的現代奇蹟》的書籍（或電影），相約一兩個星期後開讀書會，互相分享所讀的書籍（或電影）心得及收穫。

校園特派記者

舜傑　台科大107學年度學生會會長

「你覺得自己面臨的領導困境為何？你最擔心的是什麼？」

　　我覺得自己面臨的困境是「不知道自己的領導已經出錯以及原因何在？」例如，我可能自覺最近辦的某個活動很成功啊！但底下的部員卻不這麼想。

　　對我來說，只要能把事情做好，哪怕是自己扛下所有的事情也心甘情願。所以認識我的人，都給我「工具人」的稱號，但這也正是領導的問題所在。我沒辦法放心地將任務交派給部員，導致他們常搞不清楚自己到底要做什麼？或者雖然我們在同一場活動裡，他們就是覺得自己沒有做什麼，甚至沒有參與感。

　　以最近的一場活動為例，新生入學時，我們舉辦了一場新生季，規模很龐大；我們跑遍了公館、找遍了廠商，非常累！結束後，我很有成就感，但我的幹部卻跟我說，她覺得這個活動只有幾個人在扛，她沒有成就感，只有「心累」。

　　我聽了非常錯愕，仔細想想才發現，很多事情的確都只是我自己一個人在扛，不管拉贊助、做美宣、宣傳等，我都捨不得「放手」讓部員去做。從這件事情來看，我沒辦法信任我的部員，我只是拿他們來湊人數，或只要他們幫些小忙而已。這就是我最大的領導困境。

自我激勵

　　以身經百戰的企業主來看，你再怎麼努力，還是「不及格」。不如早點清醒過來，趁著現在還可以失敗時重來一遍，或有時間多練習幾遍時，跟自己說：「我還不夠好，加油！」以免將來上司及顧客直接對你說：「你不好」的時候，你會承受不了這個嚴重的打擊。

　　對於自己的事情，不論「聰明一世，糊塗一時」或「聰明一時，糊塗一世」，影響的只是個人的命運。但擔任「領袖」之後，涉及許多別人的事情與人生，這時就要負責到底，「只能聰明，不能糊塗」。

一群人帶領一群人，形成良性循環

Chapter 2

培養領袖的特質

好領袖怎麼想

★鴻海精密董事長／富士康科技集團總裁／永齡文教慈善基金會 創辦人郭台銘

坦白說我不敢說什麼是成功的領導，但我知道什麼樣的領導一定不成功，例如：

- 不身先士卒的領導
- 遇事情推諉的領導
- 希望討好每個人的領導
- 朝九晚五的領導
- 賞罰不分明的領導

★見賢思齊

的確，只要有上述任一缺點，領導就注定失敗。因為這都是最壞的示範與錯誤的帶頭作用。

1. 不身先士卒：對於最困難或大家避之唯恐不及的事，領袖要以超越的觀點及做法率先去做。如此才能激勵追隨者不怕苦、不怕難，勇於行動與一起分擔。

2. 遇事情推諉：若挑選簡單或自己想做的工作，這樣的員工一定令主管頭痛。所以領袖就不能「雙重標準」，讓自己也犯同樣的錯誤。應承擔應做的工作，以及所有成敗的責任。

3. 希望討好每個人：主管若想討好每個成員，勢必降低標準以配合業績最差的人。不僅會拖垮整個團隊，也會使領袖迷失自我，失去帶領團體一起奮鬥的目標與鬥志。

4. 朝九晚五：經常加班固然不是好事，但不能增進效率，卻以

上下班時間為最高工作原則，這種事情沒做好卻斤斤計較的人，絕不是好員工，領袖則更不應有這樣的心態與行為。

5.賞罰不分明：標準不一甚至顛倒是非，會使下屬無所適從、進退兩難，最後索性按兵不動。好下屬將無從發揮，壞下屬則趁機攪亂團隊的走向。

 第一節　成功領袖的特質

「學歷至上」的觀念，使不少人誤以為「學歷代表能力」。事實上，**高學歷不等於高領導力**，這部分我也「踢過鐵板」。

學生時代我擔任班長、社團社長，在家中是長女，這些磨練對於成為職場領袖並不足夠。當我拿到博士學位，第一份工作即擔任中階主管。當我的單位績效不錯，我以為是自己「領導有方」，直到換下一個服務學校，還是擔任中階主管，卻發現自己孤軍奮戰、困獸猶鬥時，這才慢慢醒悟之前的上司及下屬多麼的能幹！

在新的學校環境，當我「分配」工作給同仁時，常遭到反彈與批評。他們甚至私下串聯、越級報告，讓我覺得被「背叛」。我不知道他們為什麼「不服領導」，我找不到政策推動不順利的問題癥結。現在想想，當時我很痛苦，同事應該也很辛苦吧！我認為他們不瞭解我，他們也會認為我不夠體貼吧！

高學歷只代表你具備某種專業知能，但不包括領導能力。即使學生時代具有領導經驗，然而職場人際關係比起學校複雜許多，若不刻意加強則不足以應付。日後想要有較順利的職場人脈與升遷機會，學生時代就要好好儲備下列「領袖特質」：

一、目標正確，勇往直前

以我來說，在大學授課有時不免因學生「太專心」滑手機而忍不住「說教」，結果通常適得其反。但若不說，壓抑的心情又會「影響」我的教學熱情。有一次下課時一位學生特地前來「安慰」（開示）我：「老師，我覺得你是位認真的好老師。你上課所做的，百分之八十是正確的，不要因為百分之二十不符合你的期望而動了情緒，這樣反而失去正確的主軸，非常可惜！」

對啊！我不該因為部分學生的表現「不如我意」而執迷不悟，以致偏離主軸，以致忘了擔任教職的初衷。想通後，我的不愉快消散了；下次上課再見到學生時，只覺得他們是值得培育的人才，只感到開心。

美國詩人佛羅斯特（Robert Frost, 1874-1963）有一首著名的詩〈未行之路〉（The Road Not Taken），結尾說：

黃樹林裡有兩條岔路，我選了一條較少人走過的路，而
這讓一切變得如此不同。
Two roads diverged in a wood, and I- I took the one less
traveled by, And that has made all the difference.

人生之路既已選擇一條較少人敢「碰觸」的道路，就要相信自己的選擇；不要邊走邊懊惱，甚至走回頭路。不僅浪費時間、心力，到頭來更一無所獲。

要有「長期」及「崇高」目標作為行動指引，這個目標最好是別人「不願做」、「不敢做」或「做不到」的事，也就是「麻煩」的挑戰。要能清楚描繪及傳達「願景」，將複雜的點線面連接起來，具體呈現成功的畫面。這樣的思考與規劃是非常細膩的事，但

「好事多磨」，愈值得做的事往往愈需要磨練與調整。

光有目標不夠，還得有決心、堅毅及敢於冒險和必定成功的信心。孫中山先生說：「吾心信其可行，則移山填海之難，終有成功之日；吾心信其不可行，則反掌折枝之易，亦無收效之期也。」（《建國方略・自序》）成功與事情難度無關，主要在信念是否堅定，表現為勇往直前的行動。

二、相信助力，不怕困境

凡事都有正、反兩面，不要執著於一面，尤其固執地只看「反面」而忽視「正面」。其實，反面是必然的存在，沒有反面哪來正面？有了反面才有正面。

以我來說，成立「華人無國界教師學會」非營利組織之後，潛意識裡常擔心人力與財力不足。一次，見到一位初識的朋友，他雖然不知道我的憂愁，卻以十分自然的口吻「告訴」（點醒）我：「要相信別人也有愛心與行動。」這句話點破了我的困惑，原來我大部分時候並不相信別人也有愛心與行動，因此擴大了自己的困境！

其實人們都有愛心與行動，都願意付出心力去幫忙弱者，但這個「正面」我常視而不見，以致忽略龐大的助力。想通後，我的疑慮消散了，我要積極安排「對的人」與「對的事」相逢。

借用國立台北教育大學校訓「敦愛篤行」的英文版「To love, To act」，就是直接「去愛，去做」。愈簡單的道理，往往愈容易遺忘。

三、以身作則，自律甚嚴

領袖要求下屬做某些事的時候，最好自己先做一次；不要隨口就要下屬去做，萬一那些事有「冒險」的成分，可能讓下屬受傷。至少領袖要和下屬一起做，他們才會「口服心服」。

領袖要樂於承擔責任，言行一致、自律、以身作則、說到做到，成為團隊的典範。絕不能「為達目的，不擇手段」，要以高格調來贏得追隨者的信任，使他們想要跟隨你學習。自律也是為了「身心健康」，包括良好的生活作息及生活習慣，這樣才有充足的腦力、體力與心力來服務眾人。

「改變自己是自救，影響別人是救人」（證嚴法師‧靜思語），領袖要自救也要救人。端正自己同時也勸化別人（正己化人），帶著大家一起「存善心、做善事」。孔子說：「領導者身正，即使不下達命令，群眾也會自覺去做；領導者如果身不正，即使下達命令，群眾也不會服從。」（子曰：「其身正，不令而行；其身不正，雖令不從。」——《論語‧子路》）一個人能夠端正自己，大家才會尊敬他。以至誠的心感化別人，沒有人會不順從他。

領袖勸化他人別太嚴厲，若想以自己的「正」來突顯別人的「不正」，雖只是略微責備，對方也不會甘心接受，想跟你爭個是非曲直，反而摧毀他的善心！**領袖說服別人要知道變通，運用善巧方便（機會教育）。**

四、謙虛包容，不斷學習

老子認為人生最重要的三件事，第一是慈愛，第二是節儉，第三是謙讓（老子《道德經》第六十七章我有三寶：「我有三寶，持

而保之。一曰慈，二曰儉，三曰不敢為天下先。慈故能勇；儉故能廣；不敢為天下先，故能成器長。」）。

謙讓是「不敢為天下先」，也就是「不爭」，更高的境界為「包容」。「有容乃大」，領袖一定要有氣度、胸懷，接受別人的意見。因為謙虛，所以樂於聆聽下屬的意見與建議，並從中自我檢討與「錯中學」。

「大肚能容，容天下難容之事」，能化「對立」為「圓融」。領袖要捨己為人，凡事謙沖退讓，不以一己之利為優先，自然能得到別人的推崇。

領袖能保持求知的好奇心、不僵化，樂意與主動接受時代的變化。不僅是「準備改變」，並且「喜歡改變」，才能帶動追隨者一起改變。

五、高EQ，關懷下屬

領袖要「確信」組織或團體的目標與願景，不輕易受到業績不佳或負面評價影響，動搖了決心與信心。不論遇到任何挫敗，都能百折不撓（大無畏的精神），不能停止前進的步伐。

領袖要將自己的情緒掌控好，保持正向的心態——冷靜、從容、有幽默感、熱情洋溢。尤其要能快速扭轉負面情緒，轉化為正面情緒（自我激勵）。這種負面心情的扭轉或復原功力，不是表面或假裝而得，需要很強大的情緒管理。

尊重、信任與關懷下屬，如老子所說「第一寶」——慈，慈悲為懷。以「無緣大慈，同體大悲」的精神，不論是否有血緣關係，都能幫助別人快樂。看到他人受苦無異是自己受苦，必定想方設法拔除其痛苦。

領導 與 溝通
——從「終點」看「起點」的努力

32

六、當機立斷，求新求變

　　領袖要有彈性及適應力，靈活應變，快速解決問題。領袖注重效能與效率，工作前必有詳細的計畫或行動藍圖，不莽撞、衝動、躁進。

　　領袖擅長「時間管理」，行動踏實果斷。能辨別輕重緩急、掌握重要事項，尋求事半功倍的聰明工作方法。

　　領袖兼顧創新及守成，創新是為了開發新局及永續經營，守成是避免不必要的損失與耗費。凡事「謀定而後動」，小心與正確地做出決策。

　　面對危機時，領袖更要果決，以免錯過解決問題的「先機」，以致來不及應付源源不絕的新問題。

七、培育人才，感恩別人

　　領袖願意找人幫忙，不怕下屬比自己有能力。領袖能適時隱藏自己的鋒芒，待時機成熟再嶄露頭角。領袖不會獨占舞台，不僅能與人「合唱」、「合舞」，還會製造下屬「獨唱」或「獨舞」的機會。領袖「事不躬親」且善於激勵，能為別人創造舞台，培養更多明星。

　　領袖能激發團隊思考，容許「多頭領導」與平等溝通，讓更多新點子有更大的生存空間。讓更多人有參與感，一起為團隊出力。

　　領袖善於傳承、教導，能包容與協助能力不足的人，與各世代的追隨者互動良好，不會造成新生代的缺乏或人才斷層。

　　領袖懂得感恩，不視別人的幫忙為理所當然，能看到及珍惜團隊成員的才能與付出。

八、口語表達及文字表達的功力

　　領袖的工作重點在建立目標及傳達願景、凝聚共識與化解差異、指揮調度及整合團隊、激勵成員發揮創意與潛能，需要更好的口語表達及文字表達功力。需要「精進」各種溝通技巧，如：公開演說、辯論、說服、協調、宣導、衝突化解、激勵等。

　　領袖能以自己的心與別人的心進行交流，「精誠所至，金石為開」，使追隨者也能用一顆真誠的心，一起為團隊付出。**交心要從「自我坦誠」與「自我揭露」開始**，好領袖願意與人分享自己的想法與感受，營造一個真誠的團體氛圍，讓追隨者也願意分享，以加深彼此的關係。

　　上述領袖特質的融合，形成一股無比的魅力，使團隊能量日漸壯大。上述特質的培養，是領袖的每日功課。如「湯之盤銘曰：苟日新，日日新，又日新。康誥曰：作新民。詩曰：周雖舊邦，其命維新。是故君子無所不用其極。」（《禮記·大學》）也就是說，**領袖日日求進步，全力以赴追求智慧與能力的提升。**

　　與其等到當主管，從痛苦與挫敗的經驗中學習，不如趁著學生時代的壓力較小、時間較充裕，**提早開始體驗與磨練，培養領袖的遠見、樂觀、反省、執行力等基本功。**聰明的你，知道該怎麼做了吧！

 ## 第二節　帶人帶心的技巧

　　領袖是火車頭，帶領整列火車前進。火車頭單獨存在並沒有價值，需要追隨者一起發揮功能。火車頭沒有問題，不等於整列火車

不會出軌；若某節車廂有了狀況，仍可能弄翻整列火車，身為火車頭不一定能改變這個噩運，所以，**好的領袖也需要有好的團隊，帶頭者與追隨者是彼此需要的。**

　　一個人做事或團隊合作，跟隨別人做事或帶領別人做事，情況都不相同。一個人做事或只做一小部分的工作容易得多，但是擔任領袖就要關照全局、掌握任務及進度，**不能因為指揮、調度不順，就靠一己之力獨撐全局。**

　　好領袖如何碰到好團隊？雙方都需要「日久見人心」，但須從領袖開始。領袖對下屬真心相待，才能帶出追隨者的真心。「帶人帶心」需具備哪些技巧？要如何瞭解追隨者的心理狀況或人性需求？

　　《最困難的事，別交給最有能力的人：這些帶人技巧，你最好早點知道》（方祖芳、楊路譯，2013）。作者史都華‧懷俄特是資深的企管顧問，在英、美兩地有豐富的工作經驗。他最特別的任務是擔任「短期總經理」，常常處理臨時救火、重整企業的工作，是非常少見且特殊的人才。

　　書中指出，如何讓同事願意接受你的帶領，一起團隊合作順利達成目標，關鍵就在你的帶人技巧。書中為了幫助你建立更有效能的團隊，舉出四十個最常見的帶人問題與處理眉角。帶人技巧好了，做事自然就順了。提供下列技巧，供你思考與運用：

一、一般人討厭被管但喜歡有人帶

　　人們大都討厭改變，當某些成員反抗新政策，並非就不應該改變，而是要領袖想出方法，「巧妙的」——化有形為無形——帶領大家慢慢改變。其實人們並非抗拒變革，只是不喜歡被督促或強

迫。

　　下屬沒有能力帶頭改變，雖然抗拒改變可能帶來的麻煩，但心理上還是高興有人願意多操心，自己只要跟隨就好。這就像出國旅行希望碰到好導遊，進入教室希望碰到好老師。

二、別太相信工作期限

　　一般人預估工作所需的時間往往過度樂觀，對於自己的能力也傾向高估（對工作難度卻低估）。加上每個人的效率與責任感不同，所以常導致工作無法如期完成。

　　領袖不必太在意「期限」或因某些人無法完成工作而動氣，要注意的是瞭解下屬的個別差異，使工作提前開始與提前完成，讓每個人都跟上進度。

　　有時候讓員工自己訂定目標與期限，反而更容易達標。所以**重點不是「期限」，而是在期限前要做些什麼，使期限不再是問題**（當然要預留足夠的緩衝時間）。

三、常常救火成功，表示快出大問題了

　　領袖別自以為是英雄，所以不要在每次下屬找你幫忙的時候就馬上處理。這樣反而破壞了工作順序，增加下屬對你的依賴，相對也減損團隊成員的個別能力。

　　領袖再能幹，仍會顧此失彼，所以**不要同時成為危機的解除者與製造者**。危機事件愈少愈好，就像消防隊愈少出隊愈好。

四、不要累垮了得力助手

一個人能交代幾個任務呢？不要將最困難的事交給最有能力的成員。這不僅勞逸不均，使做事較少的人做事更少；更糟的是，使有能力者的負荷過重，甚至心力交瘁，因而逐漸捨棄自我發揮的機會，淪為普遍的平庸化，使團隊人才愈來愈少。

五、不要讓員工有兩個上司

有時工作需要「再分組」，將各組的工作範圍再釐清；以免「多頭馬車」之下，因工作重疊而讓追隨者無所適從，甚至是做白工。多人領導是個趨勢，但一定要能執掌分明、分工明確。

六、別只想受到員工歡迎

想要受到下屬歡迎，就當不了好主管。因為太關心員工的個別感受之後，領袖就難以公正客觀的做決定。領袖當然要關心員工的感受，但不是為了要受到員工愛戴，而一直去幫他們達成團體目標。

七、對有些人來說，讚美比金錢好用

工作固然需要有形的報酬，但能使人心甘情願工作往往是無形的報酬。也就是對下屬真誠的讚美，使其感覺受到欣賞與肯定，提升其工作的內在動機。這樣「惠而不費」的領導技巧，聰明的領袖何樂而不為？

八、小心喜歡引人注意的人

想要引人注意的人往往不甘寂寞、喜歡表現、搶功勞，如果他頗有能力，就更要小心帶壞了團體風氣。**領袖要注意團隊中能力大過品德的人，他們可能是妨礙團隊目標達成的麻煩人物。**

九、主管絕不會在第一時間知道壞消息

領袖平時要多走入團體，與成員個別互動，耐心傾聽成員的聲音，隨時掌握大局的變化。即使看來不太嚴重的問題（包括「傳言」），也應該正視及快速解決。領袖若成為最後才知道嚴重問題的人，就需要好好自我反省，為何下屬「報喜不報憂」，不敢早些讓你知道事情的真相？

十、員工叫不動時，問題在主管

每個人都想要做事情，但環境要對。所以**領袖要研究某些員工不肯做事的真正原因，協助其排除障礙，否則對團隊及個人發展都是很大的損失。主管若不能排除障礙，就是領導無方。**

十一、重要的事要先做

領袖每天的工作一定多到做不完，所以要先做「重要的事」而非「緊急的事」或「全部的事」，否則一定沒時間好好做其他的要事。**領袖別一味埋頭苦幹，一定要找出最有效率的工作方式。**

十二、要不時幫別人打氣

每個員工的動力不一，領袖要協助提升團隊的能量。領袖的動機愈強，就愈可能成功。當員工失去衝勁，領袖要先看看自己做錯什麼？員工常拐彎地說「不」，其實並非真的拒絕。只是因為他「怕麻煩」，所以領袖要設法挖出他的好點子。

十三、作風強硬不能更快做出成績

若強硬的要求下屬，他們只是被迫做完工作，成果不一定理想。或者會乾脆抗拒到底，造成上下對立或陽奉陰違的惡性循環。太強硬的領袖應放下身段，以較柔軟的姿態與下屬互動。

十四、別對犯錯耿耿於懷（包括對下屬及自己）

沒有人完美，不僅下屬會犯錯，領袖也一樣。所以領袖要給自己及別人犯錯的空間，別浪費時間在懊惱與沮喪當中。**學得教訓後，下次做得更好或加倍補償回來即可。**

如果員工質疑你的決策或能力，這反而可能救了你，使你知道自己或團隊需要改善的地方。不要逃避別人的質疑與批評，雖然有時心情與自尊的受傷很難平撫，但「正面對決」——面對質疑或錯誤，才是解決疑慮的良方。

我 的 生 活 實 驗

小實驗：檢查自己「領導特質」的強項與弱項，並對弱項擬出改善
　　　　計畫。

大實驗：觀察身邊領袖人物的領導特質與帶人技巧，列出自己想要
　　　　仿效的地方與計畫。

校園特派記者

顏憶如　台灣科技大學企業管理系三年級

「要具備什麼特質，才適合當領導者呢？」

在大學社團擔任領導儘管也才半年，與經驗老到者相較，實
在是小巫見大巫，但仍有些心得能拿出來與大家分享。如果有人問
我：「要具備什麼特質才適合當領導者呢？」我會毫不猶豫的回
答：「願意。」

領導者永遠比被領導者來得勞心勞力，這情況其實大家都知
道。但若非親身體驗，仍無法感受其中的心酸血淚。我也是從被領
導者一路走過來的，從進入志工組織開始，我只需被動接受組長指
派給我的任務，在時間內達成即可。除了有些專案必須和其他人溝
通協調之外，大部分時候我把自己顧好就沒問題。雖然團隊鼓勵我
們要關心身旁的夥伴，有餘力時也歡迎主動幫忙，促進團隊內部的
良性循環及人際互動。但實際上，「獨善其身」的人還是占大多
數。

　　一旦成了領導者，需要承擔的責任多到不可勝數。一早醒來，排隊等著思考的問題遠比不在這個位置時多。例如：如何幫助團隊成長？如何完整傳達團隊的願景、理念、定位給組員？如何達成共識？如何讓組員願意對我說真話？如何凝聚團體意識？如何在愉快氛圍下有效完成工作？團隊的目標如何達成？突發狀況該如何調整？

　　這些問題都沒有標準答案，需要不斷思考以及問自己、問有經驗的前輩，才能讓答案逐漸清晰。所以領導人的思考絕不可能在短時間內完成，都是一連串的申論題。

　　也許大多數人跟我一樣，站上領導者的位置後才開始學習領導。過去我確實喜歡閱讀有關領導的書籍或文章，但在還沒成為領導者之前，似乎都無用武之地，唯有實戰之後才能明白書中的道理。

　　領導的過程勢必經歷一連串考驗，從團隊默契的建立、組織的成長，到終究要面臨人員的流動，各階段學習的東西都不同。為了好好的傳承給夥伴，領導者自身也要夠「有料」。因此領導者要比其他人更努力學習，擴充自己的知識量，並且實際應用在生活中，即使原本的自己並不那麼出眾。

　　能不能當一個好領導，取決於是否擁有一顆願意為團隊付出的心。唯有這份「願意」才能克服重重困難，使得「關關難過關關過」。

　　也因為這份比別人「願意」的心，領導者經常得犧牲個人的娛樂休閒，只為了帶領夥伴創造更多價值與成長。近期看見一句話十分有感觸：「當一個領導者，就是你要常常只有一個人，而心裡卻想著一群人。」不知不覺我的日常已漸漸成了獨行俠，身旁的朋友

並不曉得我在想什麼，但我清楚自己的方向。雖然疲累感偶爾還是會爬上心頭，但我卻甘之如飴，並且感到值得。我想，這就是「願意」的力量吧！

與高手過招

夢想學校創辦人王文華說：「只要不變成機器人，機器就不會變成人。在AI時代，儘管資訊傳播很迅速，……詢問、傾聽、體諒、同理、回饋、協調、妥協的能力，是機器尚未發展出來的，是AI時代下我們可以發揮的價值，是我們應著重也更需要的能力。如果我們不把握這個長處，不駕馭機器人，又停留在與機器人競爭重複性、平庸的工作，當然就輸了。發揮人心、人情、人性的專長，運用機器把事情做得更好、更大。

國際通商法律事務所的負責人王悅賢律師說：

真正的領袖要擁有的特質很多，最重要的是具有人的「溫度」。如今就業環境愈來愈嚴苛，企業究竟如何挑選大學畢業生？「專業知識與技術」、「穩定度與抗壓性」、「解決問題能力」、「團隊合作」、「學習意願、可塑性」、「國際觀與外語能力」、「創新能力」、「融會貫通」，這些條件都需要，但並非單獨呈現，而是如何化為「內力」，依照個人的「悟性」而適時、適度地展現。

真正的領袖一定得有追隨者，別人為何願意追隨你？為什麼對你口服心服？如何有溫度？也就是要「像個人」，就要多聽聽自己內在的聲音，問問自己的心在想什麼？

自 我 激 勵

　　要以一顆雀躍的心，接受成為領袖的挑戰。這是一個新奇的世界，雖然比較辛苦，但是，越冷越開花。辛苦熬過了，才會為自己感到驕傲，為改造成為嶄新的自己，而真正擁有成就感。

結伴一起，更快樂的走向未知的遠方

Chapter 3

領導理論的活用

好領袖怎麼想

★法國作家、飛行員，經典兒童小說《小王子》的作者安東尼‧聖修伯里（Antoine de Saint-Exupery, 1900-1944）

如果你想建造一艘船，別號召人們收集木材、別分派任務及工作，而是教他們對浩瀚無邊的大海產生欲望。

If you want to build a ship, don't herd people together to collect wood and don't assign them tasks and work, but rather teach them to long for the endless immensity of the sea.

★見賢思齊

的確，領導是運用在「活人」身上，而非只是「死的工具」。人不可能被操弄，除非他自己願意行動。所以，上司無法拿自己的腦子替換掉下屬的腦子，下屬的行動只能靠他自己指揮。好領袖的作用或真正的功力，表現在「激發」下屬的行動欲望。讓他真的想去做，而且比你還想要做。當下屬的熱情展現出來，甚至超越你時，你就能真正放心、放手，這個團隊也才真正活化了。

但領袖也該自問，你原本就擁有很大的熱情嗎？你還保有原來的熱情嗎？你的熱情愈來愈增加嗎？所以激發熱情的領導功力，要先運用在自己身上。

 # 第一節　領導理論的演進

　　隨著社會變遷或思潮轉換，領導理論也隨之演化。從崇拜「天賦神權」（世襲）或稱領袖為「蓋世英雄」，到如今的「多元領導」、「輪流領導」。團隊合作的時代，有更多機會可以擔任領袖，所以有必要「儲備」領導力，以免「書到用時方恨少」，喪失掉升遷、加薪（這很重要）與自我實現的機會。

一、領導特性論

　　20世紀40年代末，是領導理論出現的初期，主要從事「領導特質」的研究，核心觀點為「領導能力是天生的」，稱之為領導特性論（或品質論）。研究重點在「找出」傑出領導者的天賦特性或品質，例如：自信心、決斷力、適應性、成熟程度、善於言辭，甚至是出眾的外貌、高超的智力等。特性論認為，若未具備這些顯著特質，即使給你機會，也很難成為好領袖。

二、領導行為論

　　40年代末至60年代末，開始進行「領導行為」的研究，核心觀點是「領導效能與領導行為、領導風格有關」。俄亥俄州立大學「領導者行為描述問卷」，測量主管的「倡導」及「關懷」之高低狀況，分為四種領導行為組合，如：「高倡導，高關懷」、「高倡導，低關懷」、「低倡導，高關懷」、「低倡導，低關懷」。

　　「倡導」是指領導者關注組織目標的達成、組織任務的訂定、

指派工作、建立溝通管道、界定與部屬之關係、評估工作成效。
「關懷」是指領導者表現對部屬的信任、尊重、親切、支持,和對
其幸福的關心程度。

三、領導權變論

60年代末至80年代初,出現「領導權變理論」,核心觀點為
「有效的領導受到不同情境的影響而改變」。權變理論針對前兩種
理論的不足,研究領導與績效的關係時,將情境因素考慮在內。
較有代表性的為菲德勒(Fred Fiedler)模型,將領導風格分為「關
係取向」和「任務取向」兩種,考慮領導者—成員關係、任務結構
和職位權力等三種情境。任務取向的領導者,在「領導者—成員關
係」較好、「任務結構」較高、「職位權力」較強,和「領導者—
成員關係」較差、「任務結構」較低、「職位權力」較弱等兩極端
的情境下,能獲得比較好的工作績效。「關係取向」的領導,則在
中等條件下會獲得比較好的工作績效。

四、情境領導論

賀賽和布蘭恰德(Psul Hersey & Kenneth Blanchard)於1969年
提出「情境領導論」(Situational Leadership Theory),指出**領導
行為如果配合部屬的準備度,會有較好的領導效能**。部屬準備度
之定義為:部屬對於一個特定任務所表現的能力與意願的程度。
能力是指工作準備度(job readiness),也就是個人或團體完成一
個特定任務所需要的知識(knowledge)、經驗(experience)、
技能(skill)。能力的主要來源是教育、訓練和經驗。意願就是

心理準備度（psychological readiness），指一個人或團體有信心
（confidence）、承諾（commitment）、動機（motivation）去完成
一個特定任務的程度。部屬準備度可區分為四個等級：

高準備度	中高準備度	中低準備度	低準備度
R4	R3	R2	R1
有能力和有意願及信心	有能力但無意願且缺乏安全感	無能力但有意願及信心	無能力和無意願且缺乏安全感

　　依領導者指導性行為（或任務行為）及支持性行為（或關係行
為）的強弱，可組合為四種領導型態：

1.告知式（telling，簡稱S1「高指導，低支持」）：此一領導
　策略為告知（telling）、引導（guiding）、指示（directing）
　及建制（establishing）。若個體、群體或組織的發展層次屬
　低準備度階段（R1），部屬在工作能力和意願方面均低且欠
　缺安全感時，告知式領導策略較適用。

2.推銷式（selling，簡稱為S2「高指導，高支持」）：此一
　領導策略為推銷（selling）、解釋（explaining）、澄清
　（clarifying）及說服（persuading）等。若個體、群體或組織
　的發展層次屬中低準備度階段（R2），部屬能力低但有意願
　且深富信心時，則較適採推銷式領導策略。

3.參與式（participating，簡稱為S3「高支持，低指導」）：此
　一領導策略為參與（participating）、激勵（encouraging）、
　合作（collaborating）及承諾（committing）等。若個體、群
　體或組織屬於中高度準備發展階段（R3），部屬的特質為
　有能力但無意願且充滿不安全感，領導者宜採用參與式領導
　策略。加強與部屬溝通互動、分享觀念，並鼓勵成員參與作

決策。

4.授權式（delegating，簡稱為S4「低指導，低支持」）：此
一領導策略為授權（delegating）、觀察（observing）、注視
（monitoring）及履行（fulfilling）等。若個體、群體或組織
屬於高度準備的發展階段（R4），部屬的特質為有能力、有
意願且有信心時，領導者可採授權式領導策略。

五、領導風格論

80年代出現「領導風格理論」，核心觀點是「有效的領導，
需要提供願景、鼓舞和行動」，又稱為魅力型—工具型領導理論。
領導者創造未來的藍圖，陳述人們所認同和可激發其熱情的未來狀
況，加強下屬的責任感，提供共同的目標。領導的角色是直接為員
工提供動力，激勵他們展開行動。

不同的領導者，鼓舞的方式也不同。最常見的是領袖展現個人
熱情和活力，增進團體凝聚力，表達對下屬能力的信心。這是**對團
隊成員「精神上的幫助」，即使有能力的下屬也需要這種協助。若
原本信心與能力不太足夠的員工，更需要領袖的支撐與推動。**

與「魅力型領導」對應的是「工具型領導」，這類領袖有三個
特徵：第一是「結構化」，創造出一個架構，清晰制定組織所需的
行為類型，包含設立目標、建立標準、定義角色和責任。第二個特
徵是「控制」，也就是評量、監督、管控下屬的行為和工作成果。
第三個特徵是「一致的回報」，包括對員工的獎勵和懲罰。

組織或企業進行變革時，魅力型領導較為有效。**但魅力型領導
有其限制，當領袖不能堅持，不能完成大家的期待時，就會造成反
效果。**一個堅強、明智和充滿能量的領導，會帶來各種心理反應，

也包括負面部分。有些成員甚至是整個組織會過度依賴領導者,只等著領袖指示而停止個人的創造行為,這樣一來,對組織的發展傷害更大。另外還有些人則會因領袖鮮明的個人風格和所犯的錯誤,而感到強烈的不舒服或反感。

六、轉型領導

轉型領導(transformational leadership)是指領袖要協助或催化成員進行本質的轉變,將工作目標由交易式轉化為高層次的自我實現,使成員願意因對組織的責任感而主動努力工作。轉型領導藉由願景塑造成員的價值、態度、信念與行為,使其對組織更具有使命感。於是,領導者與成員之間能彼此激勵,同時實現組織與個人的目標。

轉型領導受以下四個以英文字母I起頭之因素影響(教育部教育雲):

1. 魅力(idealized influence):領導者具有遠見與活力,成為成員崇拜和學習的理想對象,使成員願意遵照其指令完成任務。

2. 激發動機(inspirational motivation):領導者運用其魅力傳達組織的優點,使員工在樂觀與希望中瞻望未來,並產生強烈的工作動機與團隊向心力。

3. 知識啟發(intellectual stimulation):領導者鼓勵成員在知識上的追求,以培養成員更大的創造力,並對以往任務的績效再反思,使工作表現更成熟圓滿。

4. 個別關懷(individualized consideration):領導者針對成員需求給予個別關懷,使成員感到備受重視而加倍努力。領導者

因而與成員建立特別關係，而不僅限於資源交換，使成員感到自我與組織融為一體。

這類領袖的特徵與任務在於：

1. 具有遠見，不侷限於短期利潤。
2. 鼓勵部屬提升目標與動機層次，不僅在立即報酬。
3. 運用各種方法激發部屬的智能，使其更有創造力及分析力。
4. 改變現有組織環境，重新檢視組織與成員的改革能力。
5. 引導部屬成長，給予適當的個別關懷，使其有願景與承擔更多責任。

如此一來，部屬在自我成長中，逐漸也具有領導者的架式與能力，自然能對組織改革產生更大助力。組織發展與改革的初期，魅力型領導較為有效，因為能設定遠景、鼓舞士氣。到了改革後期，就需要工具型領導來建立適當的隊伍、辨識所需要的行為、建立評量工具、進行獎勵和懲罰，使員工能以一致的行為，共同達成團體目標。

 第二節　領導理論的綜合運用

有效的領導是將領導理論搭配領導者個人特質，而且要以個人特質為主體。如孔子所說：「有的人天生就知道，有些人經過教育學習才知道，有些人則是經過勤勉苦學才明白，等到明白了以後，其中的道理都是一樣的。有些人心安理得地實行，有些人因為了有利益去做，有些人則需要強迫，一旦做成功了，結果都是一樣的。」（「或生而知之，或學而知之，或困而知之，及其知之，

一也。或安而行之，或利而行之，或勉強而行之，及其成功，一也。」──《禮記・中庸》第二十章）

領袖無須比較下屬資質的高低、工作速度的快慢，每個人均可按照自己的狀況與節奏去做，最後都能「殊途同歸」。

一、運用理論以破除領導盲點

領導理論並非哪一種最好，而要看你在哪個部分做起來最順手。基本上先從自己做得到的小事開始，不必逞強或自誇，也不用畏縮或自卑。如老子所說：「天下難事一定從易處著手；天下大事一定從細處下手。因此，聖人始終不敢自稱為大，正因如此，所以才能成就大事。輕易應諾的人一定少了些信用，把事情看得太容易了，一定會遭到更多困難。即使是聖人，對任何輕易的事也謹慎而莊嚴的像是難事去面對它，所以到頭來天下事就都不困難了！」（「天下難事，必作於易。天下大事，必作於細。是以聖人終不為大，故能成其大。夫輕諾必寡信，多易必多難；是以聖人猶難之，故終無難矣！」──《道德經》第六十三章）

各理論要綜合運用、截長補短，如孔子所說：「君子當適應各方，多面通達，不限於一業一才一藝。不僅有事業才藝，還要兼具德行學識。」（子曰：「君子不器。」──《論語・為政》）所以還是要多瞭解各種領導理論，一方面發揮自己的優勢，一方面也破除自己的盲點。

二、找尋活字典──仿效領導楷模

誰的領導功力最強，可以擔任楷模呢？已擔任領導者，要自我

期許「足以」成為下屬的楷模，因為「以身作則」是領袖的必要條件。國小退休校長蔡明輝說：「好的領導特質要懂得生活，最重要的是善於溝通，以良好的親和力、信任感來『魅力領導』。」

尚未擔任領導者的人，在尋找領導楷模時不一定要找知名或成功人士，以免有距離感甚至「遙不可及」、「緩不濟急」。只要是你佩服或有某些地方值得你學習的人，都算是領導楷模，重要的是他可以啟發你、激勵你。

好領袖擅長教導別人（因材施教），對於工作能力強的下屬，以「授權」來激發他的潛能。工作能力未達水準者，以「工作檢核表」的方式逐條教導。在我讀研究所時，簡茂發所長（後來擔任台師大校長）要求研究生擔任所辦公室的工讀生，落實杜威「教育即生活，生活即教育」的理念。因為我是全時學生，所以工讀的時間較多。當時負責研究所業務的高強華講師、陳伯璋講師（都是博士班學長），教導我們這些碩士班學弟妹十分有耐心，使我學會了暑期班如何排課與授課教授聯絡的技巧。兩位老師是擅長教導別人的領袖，後來成為大學的一級主管與校長。

讀博士班時，我擔任中華民國全國教育會的專職人員，當時的理事長是台師大校長梁尚勇先生，他平易近人、沒有一點架子，不嫌棄我的行政能力不足，逐一教導我如何寫工作日誌、撰寫公文及會議紀錄等。教育會的秘書長楊國賜教授、副秘書長黃富順教授也都是願意教導下屬的好領袖，使我能工作順利。兩位老師後來也都成為教育部的一級主管。

好領袖不會將工作績效不佳，歸咎於下屬能力不足。反而不斷指導下屬直到他們學會為止，然後將工作績效歸功於下屬的能力。其實，所有的主管也都是因為獲得上司的賞識與栽培，才得以成長茁壯、開花結果。若你感受到的是嚴厲主管的鐵腕、冷血，那麼就

該「見不賢而內自省」、「己所不欲，勿施於人」，寬待及激勵下屬，讓下屬日後也有機會成為像你這樣的主管。

我的生活實驗

小實驗：在你的身邊，有哪些良師益友是你的最佳「領導楷模」？
　　　　古今中外的知名人士中，有哪些是你的最佳「領導楷模」？

大實驗：與一群有志成為優秀領導者的朋友，互相交流彼此的領導楷模，並獲得相關的資訊（新聞報導、書籍、影片等）。

校園特派記者

芷涵　國立台灣師範大學健康促進與衛生教育學系

「當你與主管意見不同時，該怎麼做？」

　　我會先虛心請教主管「為什麼他會有這樣的想法（做法）」，聽完之後如果我覺得有道理且方法可行，我會捨棄原本的想法。但如果仍然覺得自己的想法比較好，我就會向主管極力爭取，或者把彼此的想法各取其優點加以融合。

　　這是新世代看待上下之間觀念衝突的態度，有時可能會被上司誤以為是「頂撞」，以致於造成衝突。其實不僅是基層人員，即使

中層主管也有與上司觀念或觀點不同的地方。因為主管的指導性行為及支持性行為不同，因此領導型態也不同。

這裡會出現的矛盾是，上司看待下屬的能力與意願，可能與下屬看待自己的能力與意願不同。當上司認為應採取告知式（telling，「高指導，低支持」）或推銷式（selling，「高指導，高支持」）的領導型態時，下屬卻希望是參與式（participating，「高支持，低指導」）或授權式（delegating，「低指導，低支持」）的領導。

當然，上司也不應一直停留在較低層次的領導型態，而應交替使用較高層次的領導，設法增強下屬的能力與意願，這才是真正的「雙贏」。

與高手過招

雁行理論（the flying-geese model）強調團隊合作、輪流領導、激勵同伴、互相扶持等四項內涵，當雁鳥以V字隊形飛行時，比雁鳥單飛更省力。當一隻雁鳥脫隊飛行，會感覺吃力，所以回到隊裡利用團隊的力量。

當擔任領隊的雁鳥疲倦了，會退回隊裡，另一隻雁會出來領隊。後面的雁會用叫聲，激勵前面的雁保持速度。若有雁鳥生病，會有兩隻雁留下來陪伴牠，直到痊癒為止。然後再一起組隊飛行，以趕上原來的隊伍。

與擁有相同目標的人同行，能更快速、容易地到達目的地，因為彼此之間能互相推動。留在團隊，跟那些與我們走同一條路、有人在前面領路的眾人在一起，最快到達目的地而且最安全。

在組織中輪流從事繁重的工作是合理的，輪流擔任與共享領導權是必要及明智的。在組織中，成員要能像野雁般相互激勵，困難的時刻相互扶持。

雁行理論強調輪流領導，由狀況最好的雁帶頭，大家可以繼續飛行。不會因為帶領的雁子體力不支，而使整個團隊的飛行速度降低。

任何人都有領導的機會，不同的時間、場合，所需的領導者就不同。當團隊成員有困難時，大家要共同協助他，另一方面也可互相指導，彼此學習，共同成長與進步。

自我激勵

不是理論與實際脫節，而是要將理論與實際結合。若想成為好領袖，就有必要好好研究重要的領導理論。想想如何利用理論來調整偏頗的自我或增進未知的潛能，讓我們的領導型態、行為或風格都能突破。

要相互感謝彼此的陪伴與鼓勵

Part

2

領袖的修鍊

Chapter 4

情緒掌控與樂觀正面

好領袖怎麼想

★美國鋼鐵大王安德魯・卡內基

我樂觀的天性、化解煩惱並且始終微笑著生活的能力、使「所有的醜小鴨變成白天鵝」的能力，如朋友們所說的，一定是從我那快樂化裝逗笑的老祖父繼承而來，我以擁有他的姓名自豪。陽光的心情和意志，要比財富更有價值。年輕人必須認識到它是可以修行的，心智也像身體一樣，可以從陰暗處轉移到陽光中來。

★見賢思齊

安德魯・卡內基的樂觀、樂以解憂或保持微笑的能力，應該並非完全遺傳自他的老祖父，而如他對年輕人所說：「可以靠後天的修行而得。」

修行或說學習與反省，可以改變自己，從陰暗轉為光明、從悲觀邁向樂觀。好心情比起財富更有價值，因為心情不好或有悲觀傾向，做事容易失去熱情（心態是「反正不會成功」），發揮不出本有的實力與潛力。

樂觀或扭轉情緒的修行，是身為領袖的「重要條件」。因為領袖必須保有樂觀及正向的心境，才能勇敢地面對困難，不被挫敗所擊倒。領袖須能較快恢復笑容及開朗的心情，才能激勵自己以及其他追隨者。

任何人都有灰心沮喪的時候，領袖要學習對各種負面情緒管理的方法。在暫時沉澱心情之後，還能繼續奮鬥。

第一節　維持正向的態度

　　為什麼領袖「必須」也「較能」維持正向的態度？因為領袖較「專注」於長期與崇高的目標，所以**在面對挑戰、挫敗與負面評價時，因為「看得高，看得遠」，得以保持正向態度或快速修復。**

　　領袖若要維持體力及腦力的良好狀態，就要先照顧好自己的情緒，因為身心狀態是互相影響的，尤其心理影響生理的力量更大。**領袖管控好自己的情緒，才能同理與協助他人扭轉情緒。**

　　情緒管控並不容易，卻是成功領導的必要條件。這樣的能力可經由後天培養，重點包括：

一、樂觀

　　樂觀或快樂的感受力，可靠後天培養，這部分十分值得努力。樂觀的人更有信心與行動力，反之，悲觀的人使自己受限，真正的能力無法發揮。

　　史懷哲說：

　　樂觀的人，到處看見綠燈；悲觀的人，只會見著停步的
　　紅燈。

　　尼采說：

　　受苦的人，沒有悲觀的權利。
　　那些不能殺死我們的，使我們更強大。
　　每一個不曾起舞的日子，都是對生命的辜負。

　　盲目的樂觀，只會使人感覺膚淺；過度的悲觀，則會使人走向

毀滅。唯有悲觀後的樂觀，才是精神上的強者！

「悲觀後的樂觀」，真是無比偉大的境界，但值得盡心盡力地追尋！

快樂的人容易滿足，不會吹毛求疵，能夠「境隨心轉」，如約翰・藍儂說：

> 有人曾問我長大想做什麼，我寫下「快樂」，他們說我
> 沒聽懂問題，我說他們不懂人生。

樂觀與快樂並不能偽裝或自欺，如諾貝爾文學獎得主安德烈・紀德說：「寧可讓人討厭真實的你，也好過讓別人愛上虛偽的自己。」悲觀、不愉快時，要及早面對並接納真實的情緒感受，再慢慢調節這些不愉快，最終達到「釋懷」與「放下」。

日本著名的企業家稻盛和夫在65歲時罹患胃癌，他立即動了手術，術後照常工作。有人問他：「難道心情不受影響？」他說：「對我而言，死亡只是靈魂展開新的旅程而已，我深信那只是肉體的死亡，而非靈魂的死亡。」他以這種積極思維，贏得健康的生活。他說，沒有必要進行艱難的思考，凡事往好的方面想就可以了（吳學剛編著，2013：190）。

大部分的人不知道自己的潛能所在，不相信自己可以做得更多（you can do more than you do now），寧願平平淡淡過一生，以免希望愈高失望愈大。但領袖不能是悲觀主義或失敗主義者，以免團隊因其悲觀而跟著走向平庸化。

2018年諾貝爾和平獎得主婦科醫生穆克維格及人權鬥士穆拉德，兩位都為戰爭中遭到性暴力的受害者奮鬥。

穆克維格醫生是剛果人，1999年成立潘奇醫院，專門醫治被叛軍輪姦的婦女，幫助過85,000名婦女。他致力消除把性犯罪作為

戰爭武器的象徵，2012年遭到武裝人員襲擊，他不得不逃離剛果。2013年再回來時，受到萬人歡迎。

25歲的穆拉德是伊拉克人，她被伊斯蘭國IS挾持成為性奴隸。逃離後她不僅將自身的經歷說出來（出版），並投身人權運動，呼籲各界懲治伊斯蘭國IS。穆拉德在種族大屠殺中失去了母親，又被買賣數次，囚禁期間還遭受性和身體的虐待。逃出後她積極發起結束人口販賣的活動，呼籲全世界對戰爭中被當做武器的強姦行為，採取強硬立場，並要求國際法庭審判「伊斯蘭國」的罪行。

我一直十分崇敬諾貝爾和平獎得主，覺得獲獎者都非常勇敢及博愛！2018年，我創設「華人無國界教師學會」，想幫助因經濟及地理環境以致教育資源缺乏的孩子，讓他們能擁有公平的教育機會。我希望帶領大家看到教育弱勢者的需求，適時幫那些孩子一把。

我不斷尋找有能力及熱情的人一起承擔學會工作，因前往特偏學校的路途遙遠、交通不便（得自駕）、道路崎嶇、生活機能差，還有低溫、土石流等風險，所以「徵才」並不順利。

有一次，原本兩車八人一起前往新竹縣尖石鄉極偏學校——秀巒國小，但因前幾天山區大雨，多數會員顧慮道路崩塌等而取消行程，只剩我與先生兩人上山。負責開車的先生說：「我們是去工作——協助教師進修與成長，除非宣布停班停課，否則還是要上去。」一路上確實不少落石，尤其秀巒國小操場後面崩塌的山壁，又多出兩道土石流，不時發出崩落的巨響，讓我很難專心地觀察老師教學。當晚睡覺時，總有錯覺聽到落石轟隆隆的聲音，整夜都沒睡好。而我只是一夜驚魂，但那裡的老師與學生該怎麼辦？

一位都會區的老師曾問我：「為什麼有些家長不能多關心小孩？不能多指導自己的子弟課業？這樣我們老師就輕鬆多了。老師

也有自己的事要做，不可能這麼熱血，還要花額外時間教那些學不會的學生！」

我回答：在偏鄉或特偏鄉學校的不少家長要到外地工作，不少學生只好住校，只能由熱血的老師利用晚間及假日教導學不會的孩子，無法寄望家長。

某一次我去鎮西堡神木群健行，看見了與山崩危機共存的秀巒國小。在該校擔任過巡迴特教老師的施佳慧告訴我：「秀巒需要幫助」，於是我「勇敢的」募款、募物資（以前沒做過，有些害羞），效果卻很好，不少人願意捐款。後來我們共二十多人一起帶了米、油、西瓜等食物及日常用品，上山到秀巒國小。我的高徒張康還率領「夢想盒子藝術團隊」為秀巒師生義演了三個鐘頭，老師及孩子們都高興極了。

這次快樂的經驗，使我的膽子及使命感都變大了，於是我再次踏上「征途」——苗栗縣泰安鄉梅園國小，這也是一所極偏學校，既遙遠又美麗，所以人稱「天堂小學」。我進行第二次募款——改善梅園國小的教學設備，募集孩子們參加柔道比賽需要的經費。後來我累到生病了——帶狀皰疹（免疫力下降之故），才知道幫助教育弱勢不是一件容易的事。但我沒有掙扎與逃避，學習恩師賈馥茗先生的「大方」精神——無私奉獻，繼續帶領更多人為教育弱勢者奮鬥。

領袖不怕失敗，從失敗中成長與修正，以更接近成功。不因為風險而悲觀，或不如預期而失望。領袖不怕別人看不起或誤解，不為表面的自尊而不嘗試。遇到消極或反對意見，能不斷溝通、協調，以事實證明所做的事是正確的，絕不輕易放棄。

二、忍辱

人生如道場，情緒考驗多，不僅在私領域或熟悉的親友之間如此，在公領域或與不熟悉的人合作時更難。情緒容易起伏或輕易掉進負面情緒裡，自身難保又何以扶持別人？

情緒失控而爆發爭端時，最容易造成無可彌補的後果。如新聞事件：「成大醫院開刀房濺血，掀白色巨塔霸凌疑雲」（周宗禎、鄭維真，2018），身為下屬的林姓體外循環技術師，自覺遭到上司陳姓護理師的「職場霸凌」，持刀在手術室內連刺陳女胸、腹五刀，在場的女醫師制止也被割傷。林男想調職不成，又因排班問題而與陳姓護理師衝突，導致林男情緒失控而行凶，他供稱自己「真的累了」！

生氣是件愚笨的事，反之則有大智慧。《聖經》說：「不輕易發怒的大有聰明，性情暴躁的大顯愚妄。」（箴言）、「暴怒的人挑起爭端，忍怒的人止息紛爭。」（箴言）。要破解生氣的魔咒，唯有「快快的聽、慢慢的說、慢慢的發怒」（雅各書）。

佛經也提到「忍辱行」，不論家庭、事業、學問都需要忍耐來成就。釋迦牟尼佛說：「忍辱，是最大的財富，如果當時我不能忍耐，今天也不會成佛！」不管是心理或生理上，當別人批評、中傷你時，都會感覺很不舒服，如果發脾氣就是點燃瞋火、無明火。發脾氣是因為利益衝突與爭奪，但生氣還是得不到利益，只會感到更痛苦！能忍住種種侮辱，才能獲得大利益。要儘量讓自己和對方不受傷害，即使自己受傷也不反擊，「留得青山在，不怕沒柴燒」，這些羞辱的機會最適合修行。

擔任領袖難免碰到與你「對立」的下屬，此時要以理性的態度直接詢問，彼此溝通與討論。一定要穩住情緒，不可和下屬正面衝

突，以免兩敗俱傷。不必討好每個下屬，要知道有時或有些下屬討厭主管是很正常的。

對於思考及行動較消極的下屬，領袖應避免以負面字眼應對，以免打擊下屬的信心與士氣、破壞上下的關係，助長負面的組織氛圍。最好是等雙方情緒都較沉澱之後，再來處理衝突，主管尤其要保持冷靜。

三、創造正面情緒

用心覺察與發掘正面事物就可以創造正面情緒，進而提升個人的競爭力。《EQ》（*Emotional Intelligence*）一書作者丹尼爾‧高曼（Daniel Goleman）在《情緒競爭力UP》一書中，以北卡羅萊納大學心理學家芭芭拉‧佛列德瑞克森（Barbara Fredrickson）帶領之團隊研究成果——「增加正面情緒，就能創造想要的人生」，作為「情緒教育」的重要建議（歐陽端端譯，2013：81）：

> 過著富足人生的人，也就是人際關係良好，能從工作中
> 得到滿足，或是覺得自己的人生有意義的人，他們的正
> 面情緒與負面情緒比至少為3：1。在最優秀的團隊中，
> 正面與負面情緒比是5：1。

丹尼爾‧高曼指出，大腦皮質還在針對感官資訊進行分析時，杏仁核已搶先以恐懼來支配身體進行快速反應。杏仁核（Amygdala）位於腦的底部，掌管焦慮、急躁、驚嚇及恐懼等負面情緒，故有「情緒中樞」或「恐懼中樞」之稱。但杏仁核常常反應過快及過度，使人事後懊惱不已。

美國神經心理學家瑞克‧韓森（Rick Hanson）表示（韓沁林

譯，2015：41），杏仁核也會對正面事件和感覺產生反應，但要「腦隨心轉」。瑞克·韓森說：「你的心放在哪裡，正是你大腦的主要塑形者。」（韓沁林譯，2015：29）

> 你如果不斷把心放在好的事件和狀態、愉快的感受、完
> 成的事情、肉體的愉悅、自己的善念和好的特質上面，
> 你的大腦就會改變，其中深植著力量和恢復力，充滿務
> 實的樂觀態度、正面心情和價值感。

綜合丹尼爾·高曼及瑞克·韓森的方法，你可以找一本喜歡的空白簿子，封面寫上「能量的秘密」，然後像寫日記一樣，每日寫下好的事件和狀態、愉快的感受、完成的事情、愉悅的事情、自己的善念及好的特質等（5～10件），慢慢形塑你的大腦，讓杏仁核由「恐懼中樞」轉變為「對正面事件和感覺」產生反應。

 ## 第二節　正念與情緒管理

《紐約時報》記者、哈佛大學心理學博士丹尼爾·高曼於1995年出版《EQ》一書，獲得廣大接納與重視。1998年又出版《EQⅡ：工作EQ》一書，因為他從對雇主的調查中發現（李瑞玲等譯，1999：31）：半數以上員工缺乏工作中繼續學習的動機，四成員工無法與夥伴分工合作，新進員工缺乏社交技巧、受不了批評。

「工作EQ」包含五大類情緒智力、二十五種情緒能力。前三類為「個人能力」，後兩類為「社交能力」，內涵如下（李瑞玲等譯，1999：49-50）：

1.自我察覺（self-awareness）：認清自己的情緒及其影響，明

瞭自己的長處與限制，肯定自我價值和能力。

2. 自我規範、自律（self-regulation）：處理紛亂的情緒和衝動，保持誠實和完整的價值標準，為自己的表現負責，具有處理變遷的彈性，樂於接受新知。

3. 動機（motivation）：努力自求改進或達到卓越，參與團體或組織目標，準備伺機而動，對追求的目標堅持到底。

4. 同理心（empathy）：感受他人的情感與觀點，認清並滿足客戶的需求，幫助別人發展，藉由團體成員的歧異性再造新的機會，能解釋團體的情緒暗潮和權力關係。

5. 社交技巧（social skills）：發揮有效的說服藝術，傳遞清晰且具說服力的訊息，鼓舞並引導團體和眾人，引發或處理改變，協商並解決爭議，培養有益的人際關係，能與他人合作以達共同目標，創造團隊的相乘力量。

《情緒競爭力UP》一書認為，增加正面情緒最簡單的方式是「正念訓練」——「對當下經驗保持一種中立的態度，對心中升起的任何想法或感受，建立一種不加評判、不予回應的覺察力」（歐陽端端譯，2013：83）。

正念（mindfulness）是什麼？喬・卡巴金博士對正念下定義：「正念就是有意識地覺察，專注於當下這一刻，不附加任何主觀的評判。」讓自己專注於當下，發現想到過去和未來時，就要把注意力慢慢拉回到當下狀態的覺知。這樣的練習會幫助自己提升專注度，更快從不良情緒當中走出來。

正念是練習從旁客觀地觀察一件事，不加以任何評判。這樣的練習會幫助我們專注於自己的內心，不被任何情緒浸染，擁有更平靜、愉悅的內心感受。

　　正念是有意識、謹慎、開放、寬容，告訴我們：世界是一面反射的鏡子，清晰、公正、無分別。正念是一項ABC技能：A（aware）覺知；B（being with）全然接受當下的經歷（即使有時很苦），而不意氣用事；C（choice）更好地選擇適應環境的方式。對於現實狀況只有接受而不辯解，才能做出冷靜明智的決斷。

　　正念的情緒管理是指專注觀察自己當下的生氣、煩惱、恐懼、自卑、嫉妒、傷心等，不否認或隱藏，不評價自己也不要管別人批評。學習「不牽掛」，認真地過現在的日子。

　　感受到負面情緒時要積極面對與處理，更開放地傾聽內心的聲音，找到「長治久安」的問題解決策略。汽車大王亨利・福特說：「不要找錯誤，去找對策。」、「失敗只是一次重新開始的機會，這次可以更明智些。」

　　丹尼爾・高曼認為，要成為全方位的領導人，一定要有高EQ（情緒智慧），包括：

1. 自我認知：瞭解自身的情緒、長處、弱點、需求及驅動力，誠實面對與評估自己與他人，懂得適時求助。

2. 自我規範：找出方法控制情緒，把情緒引導到對的地方。面對下屬表現欠佳時能謹慎用詞，說出自己的感想，並找出原因及解決的方法。主管沒有太多負面情緒時，組織氣氛自然較佳。主管得在變革時，對曖昧不明與變化處之泰然，控制住自己的情緒，較快順應變化。

3. 驅動力：擁有自我及內在動機，尋找有創意的挑戰、樂於學習，以把工作做好為榮。精益求精，有系統的追蹤進步，保持樂觀，永不懈怠，熱愛工作，對組織忠誠。

4. 同理心：考慮下屬感受，聆聽下屬想法，鼓勵建設性的批

評，體察身體語言的細微處，增進團體的凝聚力，體認文化
及種族的差異。

5.社交技巧：擅長與所有人相處，找到與他們的共同點：需要
行動時，有現成的人脈網路可用。是說服高手，能廣泛建立
人脈，找到志同道合者而建立各類群組。（劉純佑等譯，
2016：120-142）

以儒家哲學來看，領袖的情緒管理如孔子所說：「君子容易被
侍奉，但難以取悅。想使君子喜悅，如果所做的不合理，他們不會
喜悅。君子擔任領袖時很重視下屬的才能，會量才而用。但小人則
相反，他不容易被侍奉，卻容易取悅。想使小人喜悅，雖然所做的
不合理也一樣喜悅。至於小人擔任領袖則一味地求全責備。」（子
曰：「君子易事而難說也。說之不以道，不說也；及其使人也，器
之。小人難事而易說也。說之雖不以道，說也；及其使人也，求備
焉。」——《論語・子路第十三》）

好領袖尊重下屬的專業和才能，不以自己的好惡情緒為主。糟
糕的領袖則不尊重下屬，太講究私人交情及個人好惡。

 ## 第三節　化苦為甜，職場適應之道

職場上雖然需要情緒控制，但不等於不能「有」負面情緒。情
緒控制不等於情緒壓抑，負面情緒仍屬於自身重要的部分。可檢討
或消除引發負面情緒的刺激、抒解不舒服的感受，但不能禁止、否
認或強壓負面情緒。壓抑久了會使自己麻痺，不能察覺自己正處於
負面情緒中，結果造成愈來愈緊張、害怕、自卑、消沉、生氣，以
致罹患情感性心理疾患。

一、情緒壓抑的壞處

　　情緒壓抑的壞處，不僅禁制了負面情緒，同時也降低對正面情緒的感受，喪失了快樂的權利。對於別人變得不能「察言觀色」、「感同身受」，無法與人建立親密關係，實在是莫大的損失。

　　不敢表達真實的情緒，可能會以冷戰、嘔氣等方式應對。在職場上，不論是上司對待下屬或下屬面對上司，都是不恰當的做法。下屬可能因而離職或嚴重打擊自信，上司也會覺得領導不當而產生自我懷疑。

　　職場或職務新手剛開始無法上手，是很正常的現象；把它當作必經的歷程，逐步學習；可以請教主管或有經驗的同事，逐步改善。犯錯時，抗壓性低的人害怕面對錯誤而自我辯解，努力說服別人不是自己的錯。**其實犯錯並不可怕，要緊的是能從錯誤中學習，下次不再犯同樣的錯誤。**

　　沒必要時時證明自己比別人優秀，當別人說你不好，先把想要反駁的情緒控制下來，不要企圖解釋，而要客氣地感謝別人並請教原因。遇到挫折時不要只想自己怎麼會做錯，而要想有機會能提升自己。

　　當有負面想法、自己很難跳脫出來時，可以找人談談，但不要找人聽你傾訴或附和、同情你，講愈多會愈嚴重。最好能請別人給你建議或支持，讓你能夠面對並開始動手改善。要找有正面想法的人請教，強化自己的正面想法，讓自己勇敢地面對。

二、喚起合適的情緒

　　控制情緒不僅在減少或緩和負面情緒，更在喚起合適的正面情

緒。例如工作難免受到上司、同事、客戶的指責（或冤枉），不能因此怠職、辭職，而能較快恢復情緒的穩定，繼續把工作做好（甚至做得更好）。

情緒管理與壓力有關，壓力是支撐及抗衡外來刺激的內在力量，是個人的適應力與彈性。平時即應隨時抒壓，包括休閒嗜好、擔任志工、運動等，才能維持「一緊一鬆」的生活節奏，不會累積過多壓力。若外在要求超過個人的能力太多，或周遭的威脅與刺激太過強烈時，會使工作熱情下降、效率降低。**因外界的指責或自責而失去自信不應逞強，要適時抒壓、減壓。**

密西根大學心理學系畢業的湯姆·雷斯（Tom Rath）與外祖父唐諾·克里夫頓博士（Donald O. Clifton）合著《你的桶子有多滿？》一書中，提出「水桶與杓子理論」：

> 每個人都有一個無形的水桶，水裡的水不斷增減，端視別人如何對待我們。水桶滿溢時我們會心情愉快，乾涸見底則令人沮喪。
> 每個人也都有一支無形的杓子，當我們加水到別人桶裡——以言行為別人增添正面情緒，也會讓自己的水位高些；反之，如果你用杓子舀別人的水——亦即你的言行有損別人的正面情緒，自己桶子裡的水也會跟著減少。
> 裝滿水的水桶就如同滿溢的福杯，讓人思想正向、充滿活力。水桶裡的每一滴水都會讓人更堅強、更樂觀。空空的水桶則會讓人思想悲觀、精神委靡。這也是為什麼被別人舀水是一種痛苦的經驗。

我們每一刻都面臨抉擇：可以為彼此加水，也可以互相舀水。我們的人際關係、生產力、健康狀況、快樂與否，都深受這個選擇

所影響。

三、情緒勞務

　　怎麼讓笑容不成為一種負擔，而是自然或習慣？職場上對員工情緒表達的規範，稱為「情緒勞務」（emotional labor）。員工在提供服務的過程中，要控制自身的情緒以符合企業要求，如空服員與百貨公司專櫃小姐、服務台人員、服務企業客戶之專案經理、仲介人員等。

　　但情緒勞務的負荷加重，可能導致「情緒耗竭」（倦怠），造成負面情緒及負面思維，以致無法達到組織要求。原本即傾向負向情緒者，更容易經歷情緒耗竭。

　　情緒勞務是基於工作要求而進行的情緒管理，分為表層偽裝（surface acting）與深層偽裝（deep acting）兩種。前者僅以偽裝方式展現外在情緒，並沒有改變內在真實的感受。後者則能深刻認同所從事的工作，嘗試改變自己的內在感受，以使自己能與組織要求的情緒表達一致。

　　領袖為了樹立典範，要從內在改變自己為「甘願做，歡喜受」，不再自覺委屈與心理不平衡。從前我擔任主管時就過不了這一關，總覺得自己做得比別人多，認為同仁不協助、不體諒與不配合我，因而很不開心。若能做到李嘉誠所說：「每一個成功的企業家，都具有控制情緒的能力，一般人不能忍受的譏諷、挫折、怨恨等，成功的企業家卻可以忍受下來（頁97）……面對不客氣的客人，他們依舊客客氣氣，繼續保持最有禮貌的態度，獲得他們的信任，甚至滿足了顧客發洩情緒的需要（頁99）。」（王祥瑞，2009），就已達到深層偽裝，但此時也不算是偽裝了。

　　積極的情緒管理是抓住豁達、樂觀、自信、開朗、輕鬆、感動、真情、幸福的片刻，方法如多到大自然去健行，當你專注於腳下要避免滑倒時，就無暇焦慮工作或學業的失敗，因而能有效地「打散焦慮雪球」。

　　對於曖昧不明的情況與變化，要學習處之泰然，快些順應變化而扭轉情緒。如〈長空下的獨白〉（詞曲／陳雲山；演唱／包美聖）這首歌所唱的：

　　我願是那長空一朵雲彩　不願變成雨點飄落下來
　　逍遙又自在　飛去又飛來　在蔚藍天空抒盡我的胸懷
　　我願是那長空一朵雲彩　不願變成雨點飄落下來
　　朝陽和我同在　晚霞伴著我來　在茫茫天宇塗上理念色彩
　　春雷在響聲聲春雷不該　催我落凡是無奈
　　雖然我已變做絲絲小雨　我願洗淨大地所有塵埃

我的生活實驗

小實驗：學業或工作上，我曾有過嚴重的憂鬱嗎？當時的我是怎麼處理的？如果是現在，又會怎麼處理？

大實驗：採訪幾位已經在工作的親友，聽聽他們在職場上控制負面情緒的方式，請問他們自覺是否恰當？不恰當的部分如何運用「正念」的方法來化解？

校園特派記者

芷涵　國立台灣師範大學健康促進與衛生教育學系

我擔任領導者，多數時候是沒有自信的。不管是被迫擔任或自願承接領導者的位子，大都處在一種焦慮緊張的狀態。

我擔心自己的能力不夠，沒辦法把事情做好。我擔心自己沒有領袖魅力，無法讓被領導者信服。

就因為常處在緊張焦慮的狀態中，所以與人溝通時往往無法順利將自己的想法充分表達。有時候只講了開頭就直接跳到尾巴，有人聽不懂時只好再解釋一次，這就得花費更多時間跟心力。如果聽的人誤會我的意思，就會產生後續許多麻煩，結果還是要我去收拾後果。

所以我覺得，因為沒有自信而產生的焦慮緊張，是我擔任領導者最大的障礙。

與高手過招

陳純適　屏東縣私立南榮國中退休校長（擔任近二十年校長）

誰是領導者？領導者要從學習被領導開始，先成為一個願意合群的人，同時具備領略人情的心，體察人意的腦。「順服」會蒙福，假以時日，自然可以成為領導者！

1.培養領袖的特質：接近身心素質優良的人——「就有道而正

焉」，親近、見習、內化與實踐，要做到這些要件，唯有不斷提升自己的成就動機，「一勤天下無難事」！

2.領導理論的活用：一試再試做不成，重新思考決策，再試一下！掌握自己是在經過「紅海」？還是找尋「藍海」？

3.情緒掌控與樂觀正面：遇到有價值的事，雖有困頓，要培養胸襟氣度來化解，真心願意寬恕與接納別人的異見。並設好停損界線，才能從代價中找到值得學習的內涵。

4.高度的溝通能力：好好讀書、記誦佳言、訓練表達的口齒，整合成為好的詮釋內涵。所謂風行水上字成「文」，自己未能充實知識，沒有學識難有器識，自己磨好鋸子，則無往不利！

5.團隊合作：要善用別人的專長，自己要修鍊敏覺方能讀人；高度自律才能贏得信任，整合人脈資源。要「善用」別人的專業，先問：自己有吸引人的長處嗎？「己所不欲，勿施於人」，你做得到嗎？

6.激勵與危機處理：以誠實的力量面對一切！精誠所至，自然會體察到別人值得嘉許之處；踏實而不苛求完美，就容易面對危機，雖有泰山崩於前，仍可從容處之。

7.權威與說服力：看清事務本質，自有重要「關鍵」可以切入。從關鍵切入，界定價值所在——物有本末，事有終始，知所先後，則近道矣。能近道，做事一定入木三分、水到渠成，自然節省時間。遇大事，則要「蠶食」、量化工作步驟，勿抄捷徑！時間管理與大腦具備程序化思考能力，有高度相關。

　　領導的績優表現，在於身心平衡、內外一致，以修鍊品格為目標，終於立人達人！《易‧繫辭上》：「言行，君子之樞機，樞機之發，榮辱之主也。」王弼注：「樞機，制動之主。」孔穎達疏：「樞謂戶樞，機謂弩牙。」可見言行一致之重要！但談何容易？

　　領導，實在是時間磨成經驗，經驗蒸餾出來的能力，加上信仰，上帝才能賞賜的智慧，因為所有「權柄」都是上帝揀選的人，才能居位擁有！

自我激勵

　　情緒管理遠比想像中困難，但我要做到不批判、不逃避，只是真實的覺察自己的情緒，就像重新認識真實的我。而且我要牢牢記住，一定要完全接納自己及愛恨自己。

因為你的鼓勵，才讓我「風雨生信心」

Chapter 5

高度的溝通能力

好領袖怎麼想

★李嘉誠

有較大影響力的經理，是那種具備高度溝通能力的人。溝通能力並不侷限於說的能力，聽、讀和寫的能力也幾乎同樣重要。可以在最短時間內就建立最大影響力的，就是演講能力……及會議桌上聽和說各占一半的說話能力。（王祥瑞，2009：33）

★見賢思齊

演講能力的效益很高，但多數人卻未好好培養。不論是覺得自己的口條已經很好或另一極端認為自己沒有演講天份的人，都還是需要練習與精進演講能力。從學習撰寫演講稿開始，若沒有一篇好的稿子，就很難發揮演講的影響力。

演講力是領導成功的關鍵力，各種會議或正式場合中能「說」得較好的人，就更有吸引力。能將自己的想法清楚地傳達且受到重視的人，更容易達成溝通的目的。

而今網路社群時代，「講稿」仍是各種社群溝通的「傳播內容」。為了更好的溝通效果，領袖就要有好的「撰稿能力」與「表達能力」，這在目前流行的「網路直播」上一樣適用。

 第一節　公開發表的演講力

　　演講能力沒有想像中簡單，但也沒那麼困難。大學、研究所階段有許多上台報告或公開發表的機會，擔任系學會、學生會、社團幹部也常需在公開場合擔任主持人或進行宣傳、募款。所以，**精進演講能力是項高報酬率的自我投資**，以下分為「撰寫演講稿」及「加強演講技巧」兩部分來解析。

一、撰寫演講稿

　　演講分為「有稿」與「即席」兩種，前者可以充分準備、多次演練，後者則可臨時寫下大綱、隨機應變。兩者都需要有好稿子，不可能「邊講邊想」或自以為在壓力之下會「情急智生」。如今網路溝通的世界裡，貼文、網誌、公告、記事簿、回覆等愈形重要。**所以溝通能力的增進不僅是口語表達力，更包括文字功力。**

　　「有稿演講」要練習寫「詳稿」，每分鐘約200～250字。中小學生參加演講比賽時，常由父母師長代為撰稿，雖然內容看來「冠冕堂皇」，但講起來卻沒有真實情感，也容易忘稿、造成怯場。由自己撰寫及多次修改的稿子（包括請專家幫忙修稿），能讓你「胸有成竹」，從感動自己進而說服別人。

　　演講稿分為開場、主體、結語三部分，不能「頭重腳輕」，開場太長，也不能「有頭無尾」，突然結束；或相反的「尾大不掉」，超過預定時間，怎麼都講不完。講稿完成後要多次修改，使詞語更精簡、扼要、通順。要增刪論點或例證，以便吸引聽眾注意，達成溝通目的。

　　講稿要默練到熟悉，不可以在台上「讀稿」，以免無法與聽眾眼神接觸或交流，影響手勢或肢體語言的發揮。若怕忘稿或怯場，可準備大綱稿，必要時「有技巧的」看一下。

　　「即席演講」是指臨時上台的公開說話，還是要擬定「大綱稿」，依照演講架構決定開場、主體、結語的重點與實例。一樣可以「有技巧的」看稿，以免侷限眼神與手勢。

　　撰寫演講稿的原則如下：

1. 口語化：演講稿不像文章，還有思索或想像的空間。講稿要像說話般通順、流暢，讓人「一聽就懂」。

2. 具體：講述要具體、圖像化，讓人如臨其境。可準備道具或以PPT輔助，甚至加上配樂。

3. 創意：內容要獨特、不落俗套，使人印象深刻。創意設計是演講致勝的關鍵，「開頭」就要抓住台下的注意力，「結語」則要讓人感到震撼及產生想要行動的衝勁。

4. 引起共鳴：內容要配合聽眾背景與程度，增加與聽眾的互動。要準備足夠的理由或證據來說服聽眾，內容應具啟發性而非教條式。

5. 幽默風趣：聽演講時，大家都不希望沉悶，所以要加入幽默的元素，讓人覺得發笑或開心，這樣就能獲得接受與歡迎。

6. 喜歡聽眾：除了事前多瞭解聽眾，依其狀況及需要來舉例之外，更重要的是關心及喜歡你的聽眾，這樣的演講才有真正的感染力。

7. 措詞簡潔、生動：措詞要精簡，因為不是每個聽眾都有耐心聽你細述。可輔以名人語錄，強化演講力道。避免口頭禪、贅詞、語句重複，用字遣詞要深入淺出、生活化、戲劇化。

8.內容要正向、言之有物：說話內容要具有建設性與激勵作用，善於說故事。要避免自我炫耀、貶抑他人、憤世嫉俗、嘲弄、攻擊、強迫、悲觀、情緒化等，屬於負面的字眼與暗示。

講 稿 示 例

「為何要扶助特偏鄉學校？」

華人無國界教師學會理事長　王淑俐

「愛是在別人的需要上，找到自己的責任。」特偏與極偏學校的老師和學生到底需要什麼？我們對他們有什麼責任？

- 特偏與極偏學校的學生，因為爸媽有不少人到都市工作，孩子們只能由阿公阿婆隔代教養，甚至親戚輪流照顧。在得不到足夠的教養之下，變成被踢來踢去的「人球」。
- 特偏與極偏學校的圖書室荒廢了（或根本沒有圖書室），書籍只能一綑綑的堆放在倉庫或走廊上。老師沒有圖書管理的專業，也沒有多餘的心力推動閱讀。
- 特偏與極偏學校在每一學年結束時，往往只剩下校長與幾位主任還在，又要迎接另一批年輕、內心不安、掛念家人、水土不服的新老師。
- 特偏與極偏學校若有同學搬家了，班上人數就會減少（很少有人搬來啊），想打球、玩遊戲或問功課都湊不足人數。
- 特偏與極偏學校的特教生及學習低落學生比率偏高，老師往往耗盡心力苦撐但仍不見效。
- 特偏與極偏學校學生的食衣住行等資源，在在出現「缺口」，校長得四處爭取補助經費及奔波「化緣」。

您可以做什麼直接幫助「教育弱勢地區」的師生呢？

- 捐贈與學生有關的食衣住行物資，減輕校長為此的勞心勞力。
- 擔任訪問教師或支援教師，成為特偏學校教師的助手或夥伴。
- 成為圖書館建置志工，協助他們圖書編碼、圖書館佈置及閱讀教學推動。
- 媒介企業界或善心人士「長期關懷」，系統改善教與學的設施與狀況。
- 有效提升特偏學校的能量與聲望，吸引更多老師及學生來這裡教與學。

　　教育弱勢者不需要憐憫與眼淚，他們都是哲學家尼采所說「在悲觀中樂觀的精神強者」。最好的幫助是「陪伴」，如張棟樑所唱〈當你孤單你會想起誰〉：

　　當你孤單你會想起誰，你想不想找個人來陪。

　　你的快樂傷悲，只有我能體會，讓我再陪你走一回。

二、加強演講技巧

(一)表情儀態

◆站立的位置

　　上台前先找到最佳的站立位置，可以看到全部聽眾，也讓他們都看到你。與台下維持適當的公開距離，靠近時，以雙手打開或做手勢時不觸碰到聽眾為原則；要適度移動演講的位置，以免與後面

或兩側聽眾距離太遠，不易互動（想想大型演唱會的做法）。

身體要端正，不要倚靠講台、桌子或牆壁。可適時走入或接近群眾，但移動要緩慢，避免動得過多。安排聽講座位，以環型或馬蹄型為佳，最利於台上與台下的互動。

◆表情、動作

避免表情嚴肅，使人誤以為架子大或心情不好。保持笑容有助於「社會連結」，是最佳的人際潤滑劑。動作自然、有趣、多變化，可展現自信與個人魅力。表情或手勢不可過於誇張或隨性，以免減低說服力及可信度。運用手勢有三項原則：

1.手臂打開，不要緊貼身體。

2.手指合攏，手掌微彎向內。

3.整個手臂一起動作，而非只有手掌或手肘在動。

眼睛要緩緩地「環顧」全場，不忽略兩側及後面聽眾，且與台下聽眾眼神接觸。眼神要靈活、有精神，傳達內在的情感。

◆態度與服裝儀容

對自己發表的內容要有信心，不過度謙卑以免降低說服力。演講前要充分準備，不可有輕率的言語。

態度親切，表達出對聽眾的關心及尊重。事前須對聽眾的動機、背景、心理狀態多加瞭解，才能以同理心與聽眾產生共鳴。

適時、適度讚美聽眾，引發其正面情緒與積極動機，使聽眾喜歡你，進而接受你的演講內容與影響。

營造自我形象，衣著整潔、合身、大方、色彩協調，適合個人的年齡、身分。服裝與髮型、鞋子的搭配具有整體感，使人賞心

悅目。避免服裝奇特與暴露，服裝的重要如李嘉誠所說（王祥瑞，2009：89）：

> 一個人的外貌的確很重要，穿著得體的人給人的印象會好，它等於在告訴大家：「這是一個重要人物，聰明、成功、可靠。大家可以尊敬、仰慕、信賴他。他自重，我們也尊重他。」反之，一個穿著邋遢的人給人的印象就差，它等於在告訴大家：「這是個沒什麼作為的人，他粗心、沒有效率、不重要。不值得特別尊敬他，他習慣不被重視。」

(二)語音聲調

1. 咬字：口齒要清晰，每個字都要說得完整，使人聽來有韻味。
2. 語氣：語氣要連貫及婉轉，避免過度加重語氣，而顯得霸道或粗魯。
3. 語速：語速要比聊天時稍慢，使每位聽眾都跟得上且有機會消化或思考。但也不可太慢或停頓過多，以致失去緊湊感。
4. 音量：音量要足夠及穩定，使台下的最後一排都能聽得清楚。使用麥克風時要控制音量，不要震耳欲聾。
5. 音調：音調要有抑揚頓挫，避免做作、不自然。聲音莫過於低沉，以免被誤為沒精神及聽不清楚。也莫過於高亢，以免被誤為情緒激動或抱怨。
6. 正音：在努力的範圍內盡可能發音標準，使別人更容易接收訊息。

第二節　化解溝通障礙與人際衝突

　　領導者對於組織要有崇高的目標及強烈的動機，但這不等於下屬也能同樣如此。所以要先瞭解下屬的個人目標與行為動機，透過長期溝通以建立共識。這是指經常與下屬交流，**且跟所有下屬都能找機會交流（運用各種溝通管道、個別談話或私訊），達到「有效」溝通**──察言觀色、引發認同、雙向溝通的效果。

一、提前溝通、個別談話

　　領袖一定要騰出時間與下屬溝通，推動政策前先與下屬談談，爭取他們的認同，讓他們瞭解要做的是正確的事。不要太急於推動新政策及見到成果，以免日後花更多時間來「補破洞」。

　　領袖要引發下屬做事的內在動機，方法如比爾・蓋茲所說：「所謂願景，最重要的是提升工作者的能力，給他們所有關於這所有正在發生的相關訊息，好讓他們可以做得比以前更多。」以及奇異公司前總裁傑克・威爾許所說：**「我們必須幫公司職員引導出來的，就是做夢的能力。」**

　　領袖會設法把「個別化」轉為「共同化」，所以願意多花時間與員工溝通、談心。為了真正瞭解下屬，要多聽他們說話，最好是個別談話，才能知道他們的煩惱與困擾。

　　溝通的價值從我小時候起就有深刻的體會，我的家庭貧困，但父親會藉由帶我們外出散步（誘因為路邊攤的陽春麵），告訴我們家中的困境、對我們的關心與期望，以及最重要的是瞭解我們目前的能力與困難。我讀大學後，父親透過「綿密」的家書繼續親子溝

通。至大學畢業，他共寫了163封家書給我，許多信都長達四、五頁。

領袖要有說服與影響下屬的好口才，但不是說些動聽的話，而要以真誠的心及正當企圖，也就是以品德作為基礎。「德為言之本，言為德之末」。孔子說：「有德者必有言；有言者不必有德。」（《論語・憲問第十四》）「言」是指口才，前一「言」字指正道之言，下一「言」字指便佞（習於巧辯而顛倒是非）之言。有德者「誠於中，形於外」，時時綻出教化的心聲。

二、溝通的障礙

領導者與被領導者若彼此對立、沒有回饋、漸行漸遠，就是有了溝通障礙。產生障礙的原因包括：語言與文化的差異、語意的差異、地位的差異、同理心不足、情緒管控欠佳、溝通焦慮、興趣與價值觀的差異、世代差異等。

領袖要小心年齡的差異，避免成為「老派」人士（穿著、妝扮、觀念、行動）。與年輕世代溝通時要改變方式，如老爺酒店集團執行長沈方正（2018）說：

> 今天的年輕人需要的是「引導」，不是權威，……一旦看到同仁表現有所不足，或他們提問時，碎碎念、嚴厲批評或馬上給答案，恐怕都不是最佳解方。主管要想想，怎麼做，可以讓他願意主動探索？……個人的焦急、怒氣、乃至好為人師的欲望都要先擺在一邊，團隊才會真的進步，培養出能為自己分憂解勞的幹部。

領袖須具備同理心，因為仁慈比聰明更重要。但要小心別陷入

下屬的故事，影響自己的心情及判斷。糾正下屬時要達到效果，就要維護對方的自尊，如李嘉誠所說（王瑞永編著，2015：25）：

> 低調對待敵意，不激烈還擊，不和對方作對，這是要避免敵意的升級。（頁76）世界上的事情都是有前因後果的，敵意並不會完全沒有原因，我們也要虛心待人，努力發現敵意的原因，以從根本上消解它。

從公司的觀點來看，主管都希望員工能做到（王瑞永編著，2015：43）：

- 面對上司的任務，堅定地說：「保證完成任務」。
- 服從上司安排，不質疑、不怠工。
- 對上級的命令不打折扣地執行。
- 遇到難題能及時請教上司或同事。

下屬要避免下列不當表現（王瑞永編著，2015：41）：

- 常常抱怨上司給自己安排的任務多、任務重。
- 上司分配任務時，答應得很爽快，執行卻常打折扣。
- 懷疑上司的能力，常在背後批評上司，並影響同事的工作情緒。
- 妄自尊大，以老員工自居，不服從上司的安排。

面對表現不當的員工，領導者須先行自我改變，因為**領導的責任不只是舉才，更要育才。是除了找到及獎勵好員工之外，也要給目前表現不佳的員工「第二次的機會」，使他有機會成為好員工。**否則不僅造成主管心情的困擾，也實質影響了那些員工的表現以及團隊精神，更妨礙領導成效及組織目標的達成。

當員工出現工作失誤時，應鼓勵他們主動向上司匯報，說明情況、承擔責任、事後檢討等，深刻反省自己的過失，找出失誤發生的原因。**當然主管也要自問：這次的失誤，自己是否也有需要改進以及應該協助下屬的地方？**

更嚴重的情況是，當下屬對上司不滿甚至公開表達（頂撞）時，領袖一定要忍耐，讓下屬說完。不要當場反駁，私下再行溝通較好。領袖的公開說明，只限「就事論事」向大家一起說話，不針對反抗的員工。

 ## 第三節　主動溝通，建立人脈

在大學擔任過社團負責人及學會幹部的同學，應能深刻體會「拓展人脈」的重要。原本的人脈只有家人、好友、同學，背景和我們都很像。但辦活動若沒有多元性的人脈，就很難使活動熱絡、成功。例如：申請活動許可與經費贊助，要跟學校課外活動組、系主任、老師、秘書等接觸；經費不足時，要尋求系友、校友、老師、相關產業、學校周邊店家的金援。此時人脈已擴及不同背景、產業和興趣的人，多數是不認識的人。

你會發現，**愈厲害的人擁有愈好的人脈，且成為「良性循環」**。興趣廣泛的人，可以交到更多朋友。反之如果跨不出去，就無法與人「結盟」，無法建立人脈。對於害羞內向或想獨善其身的人，這是很大的挑戰。因為你不敢或不想跟別人打招呼、聊天、聚餐、旅遊，擔心別人不理你或沒有話題。事實上，當你跟別人打招呼時，多數人會回應，你們之間就產生了連結。少數人冷漠以對，可能正好也是內向的人，不明白你為何跟他打招呼。或他正有煩心

的事，其實滿希望有人陪他談談。

　　建立人脈就從主動與人接觸開始，並持續製造聯繫的機會。例如：向別人請教、與人合作、聯誼等。即使只是聊聊天，都需要付出時間與心力。要將與人聯繫視為重要事務，積極增加人脈。最好的方法是經常幫助別人，愈幫忙你的人脈會愈多。另外則要擴展自己的興趣與專長，藉此跟各領域的高手學習。

　　職場上，主動溝通是人際交流的前提，否則容易被誤為清高、孤傲，具體做法包括（王瑞永編著，2015：67）：

- 見到上司、同事時主動打招呼。
- 找別人感興趣的事物，透過網路或書籍學習，讓自己與他人擁有共同的話題。
- 羅列不懂的問題，常向上司、同事請教。
- 主動與上司溝通（事前預約），溝通的內容簡潔、有條理，節省上司的時間。

　　職場人脈中「向上溝通」最為重要，技巧包括（王瑞永編著，2015：67）：

- 做事前，先向上司匯報，徵詢上司的意見。
- 做事過程中，定期向上司匯報工作進展。
- 當工作取得一定的成績，即將進入新階段時，向上司匯報前一階段的工作情況及下一步的打算，以獲得上司的肯定與指導。
- 當工作中遇到困難時，要及早匯報，尋求上司的幫助。

　　位居中層主管，更需向上溝通、主動回報，包括（許書揚，2013：76-77）：

・工作尚未完成也要報告進度，讓上司有安全感。
・自己的付出和表現一定要讓老闆知道，試著常向上司詢問：
　對你的表現有何建議或需要改進之處。
・若主管交代你一件緊急且十分重要的工作，完成後一定要馬
　上回報。……若無法當面告知，其他方法包括請他的秘書轉
　告，或以便條紙、簡訊等傳達訊息。

　　工作中要懂得「露臉」，在上司出席的場合一定要上前打招
呼，讓他看到你的出現或努力（例如坐在前面、用力鼓掌、發問或
發表、陪在一旁等）。你的單位辦活動時，不管如何每次都要邀請
上司參加。

　　不要將老闆指派的事隨便委託給另一個人去做，因為這可能涉
及一些機密。「不得已必須找一個代理人時，務必先與老闆溝通這
件任務是否可讓第三者知道，再請老闆安排合適的代理人」（許書
揚，2013：79），以免失去上司對你的信任。

校園特派記者

顏憶如　台灣科技大學企業管理系

　　過去我總自認是個樂意溝通的人，直到去年在社團與人共同完
成一份企劃案並執行時，才發現原來我很討厭溝通。一個有效的溝
通意味著要彼此交換想法，並且互相傾聽；從兩個不一樣的看法中
找出平衡，以達成共識。

　　有些人總是充滿想法，只要拋出一個問題，立刻能湧現許多新
奇好玩的答案。與他們討論事情，會覺得非常有趣、熱血沸騰，很

想把共同討論出來的藍圖一一實現。但是當執行的時刻來臨，這些人卻一個個都好忙，抽不出時間來完成討論好的項目。

起初我還願意為對方找理由：「一定是學校課業太繁重了，或他正好要處理其他更重要的事。相較之下我比較空閒，就由我來做吧！」這樣的包容經過一次、兩次、三次，我的熱情也慢慢被澆熄了。我不知道如果他們真的這麼忙，當初為什麼要答應接下這個專案呢？哪個人不忙？大家也都是一天24小時啊！如果我們是一個團隊，不是應該共同來承擔工作嗎？

記得當時我不是組長，卻攬下專案重大部分的執行。套一句現代人最常使用的三個字「心好累」，我發現自己越來越不願意主動與人溝通，因為有了結論也不一定能付諸實現，倒不如自己邊想邊做，如果卡住再來求救吧！

我也在那一次專案中明白，如果想成為一個讓人願意與之主動溝通並追隨的領導者，除了一顆開放的胸襟，自己必須做到「言出必行」，使夥伴感到安心，否則只是空有理念而已。

當我還是一個小組員時，從專案執行中我瞭解了「人心是難以掌握的」，溝通從來不像表面說的那樣簡單，後續發展終究會證明雙方的溝通是否真的有效。

後來我成為了社團幹部，比起事務的交接處理，「人」還是最重要的關鍵。如果沒有溝通，我不會知道組員有什麼想法，為什麼會出現那樣的狀態或行為。雖然溝通「很難」，但不溝通「更糟」。我曾在一本書上看到有關領導的定義，是目前為止我認為最棒的。「領導是一種技能，用來影響別人，讓他們全心投入，為達成共同目標奮戰不懈。」（出自《僕人II：修練與實踐》）

我們所處的是一個群體的社會，為了生存我們必須說話。然而

如何才能讓說出口的每句話產生價值與意義，就在於有沒有辦法使傳達出去的話影響他人，也許是影響了觀念，也許是影響了行為。領導的最高境界即是使人願意主動追隨。

我不認為只有掛著班長、班代、社長、會長、組長、主管、執行長、總裁、市長甚至總統等名號的人物，就可稱作領導者。以一個社團而言，儘管他僅是一個社員，只要他擁有足夠的影響力，能夠鼓舞、激勵甚至吆喝其他成員一起完成目標，就是領導者。換句話說，我們不該侷限領導者的資格，任何人都能成為領導者。

 第四節　網路溝通

網路科技大大縮短了人際的距離，社交網站、線上社群、部落格、論壇等工具，提供建立人際關係的新介面。建立人脈的方式從「真實世界」轉移到「虛擬世界」，可以很快透過個人資料、過往文章，凸顯所思所想而找到同好。不像真實生活中彼此戴著面具，還要多次交往才能釐清。

如何將虛擬世界的人脈導引到真實世界？如何運用網路與潛在客戶或夥伴建立交情，為自己增加能見度？網路不見得能讓陌生人變朋友，但可以因共同經驗而很快產生交集；之後還是需要持續接觸（包括電話及聚會），才能真正累積關係。

網路社群時代，企業必須發展社群商業模式，才能建立下列優勢（李碧涵等譯，2013：31-33）：

1.企業創新的文化將由弱轉強：透過社群平台，利用從員工、

合作夥伴、供應商及顧客所蒐集的情資，回饋到新產品的製作與現有產品的改良上。

2. 為客戶建立充滿生氣的社群：透過建立線上社群的方式來連接客戶，並提供他們對產品的忠誠度、信賴感及參與感。

3. 客戶使用行動裝置參與企業的事務，使企業更有競爭力：社群企業正採用符合自己的一套業務使用實例的行動商務策略，以跟上客戶的購買決策。

4. 當其他企業部分響應數位資訊整合的同時，社群企業獲得全球共同協作所產生的效益：瞭解資料整合重要性的社群企業，得出示有關他們的客戶資料，來建立更好的經驗與銷售機會。

5. 社群企業具有一個提供客戶及產品意見的社交平台：社群的互動已成為一個人性化的社交活動時，企業就需要一個數位化平台。

但網路溝通也很容易引發戰火，當你發現所傳的文章引起別人筆戰時，你應該停止對話；社群媒體不是解決問題的地方，尤其對那些攻擊性強或你根本不認識的人。我們不可能在一個小小的對話框裡清楚表達，何況還缺乏非語言溝通——身體語言及聲音的輔助。

先冷靜一、兩天，再回頭想想這些狀況，封鎖對方或停止追蹤、關注對方的更新狀態。如果你決定當面討論，打電話給對方是最好的做法。如果連打電話都行不通，發電子郵件給對方是次佳選擇。

發文時要注意，不要對他人發出負面評論；如果對某人有疑問，就直接提出來。不要對你的公司組織發出負面評論，因為這是

書面紀錄，對你與公司的關係可能有負面影響，不利於你後續的其他謀職，未來的雇主可能會查看你的社群媒體，他不會想用一個會講前雇主壞話的人。

將工作用途和私人性的網路活動分開，以免太多不重要訊息占據你檢視重要訊息的時間和心力。上傳和別人相關的照片或影片前，應先獲取對方的同意。工作或會議時不要隨時接收訊息，看似一心多用之外，你也無法全心傾聽會議討論或上司交代的事情。

如果我們登入社群網站時通常沒有意圖，只是想拖時間、分心一下，或覺得生氣、不高興、挫折時想逃避那些感覺，我們想知道一切流行話題，也想看到別人分享的一切。這可能已有「手機焦慮」的問題，也就是我們害怕遠離線上世界，有趕不上話題的壓力。但眼睛看著行動裝置，就無法全心關注眼前的人與事。當我們害怕錯過訊息而使用社群媒體時，卻錯過了現實生活中更多重要的細節。

所以要有目的、有意識的使用社群聯繫，學習如何與何時設定界線。所有社群工具的力量，都取決於你的意圖。

我 的 生 活 實 驗

我們可以設定如何與何時使用上網裝置的規範，開始培養自覺，覺得有必要超出此規範時再登入。也就是說，只在預先決定好的時間登入，其他時間受到上網裝置吸引時，先自問以下重要問題：

・有必要分享這件事嗎？這對我的生活或其他人有價值嗎？

・能不能先專心做好現在的事，晚點再分享？

・分享的目的是獲得肯定嗎？有沒有其他肯定自己的方式？

・我是否在逃避該做的事，不去面對不想做這些事的原因為何？

・是因為無聊嗎？有沒有其他事能讓我覺得更有目的，更有參與感？

・是因為孤單嗎？我有沒有為了有意義的人際連結而創造機會？

與高手過招

胡峻豪　遠見國際教育中心教育顧問

領導者最重要的五件事：遠見、熱情、智慧、毅力、慈悲。

1.設定合宜的願景（遠見）：領導者需要心懷大眾利益，而不只想實現自己的願望；透過評估，找到適合團體的條件與人力，設立具體可行、有助於組織發展的目標。目標太高不僅達不到，且會引起抱怨。

2.激發團體的動力（熱情）：「一個人走得快，一群人走得遠」，不是單打獨鬥，而要團隊合作，且以「說故事」激勵大家朝向共同目標的動力。領袖的熱情表現在——即使看到困難，仍然充滿幹勁的勇往直前。

3.整合溝通的智慧（智慧）：要善於溝通，用誠意化解歧見，以開放的心胸接納異己，整合可用的資源。而不是意氣用事，甚至剛愎自用。

4.貫徹目標的執行（毅力）：設定短、中、長程目標，不能好高騖遠。依目標訂定計畫及策略且貫徹執行，也就是具有強而有力的執行力。

5.包容分享的雅量（慈悲）：「無緣大慈，同體大悲」，在無法達成目標時，要包容同仁的能力尚不足，包容扯後腿的異議分子，展現雅量及共享的胸襟。成功時就要分享成果與榮耀，不能歸功一己之力，不能把同仁當作成就自己的工具。

自 我 激 勵

溝通能力是學無止境、止於至善的學習，我們永遠不要認為自己已經很會溝通，或掉入別人說我們善於溝通的陷阱中。人都會改變（自己也是），從前感情好、說得通的人，不等於以後也是。要相信「一山還比一山高」、「強中自有強中手」，繼續研究溝通的「無影腳」絕招！

少年時的相識，是為了成年後的相挺

Chapter

6

團隊合作──善用別人的專長

第一節　團隊的建立與團體動力
第二節　團隊合作的困難

他跑業務有點辛苦呢！
你身為前輩，先默默關心他一下，
之後我們再輔導他轉往內部
行政吧！

好領袖怎麼想

★阿里巴巴集團創始人馬雲

傻瓜用嘴講話,聰明人用腦袋講話,有智慧的人用心講話。所以永遠記住:千萬別把自己當聰明人,最聰明的人永遠相信別人比自己聰明,把你的股東、你的團隊想得比自己聰明,這樣你才會走得更遠更好。(桂千杰編著,2017:47)

★見賢思齊

傻瓜、聰明人、有智慧,這三者如何區分?遇到生氣或不滿時,大多數人會「脫口而出」,直接宣洩內心的不滿,但沒人會認為自己這樣做像個傻瓜。

聰明人的學歷或位階愈高,愈不肯「屈居人下」,總要設法展露自己聰明的一面,不肯跟比自己笨的人合作,但因此不免會傷害到別人。

有智慧的人則不僅注意自己的心情、心聲,也會考慮別人的感受,所以能「用心說話」,這裡是指「同理心」。有待人處事的「智慧」,才是真正的好人。

領袖知道「眾志成城」,善用團隊的思考及行動、集合眾人的聰明才智,最可能成事。所以,領袖永遠看到別人比自己聰明的一面,能充分運用別人的專長,使團體及個人都能壯大,一舉數得。

第一節　團隊的建立與團體動力

鋼鐵大王安德魯・卡內基說：「想獨立完成所有事情或獨占功勞的人，絕對無法成為偉大的領袖。」、「成功的秘訣不在親自完成工作，而在分辨誰最適合做那件工作。」卡內基的墓誌銘上甚至寫著：「躺在這裡的人，懂得善用比他更優秀的人來為自己做事。」由此可見，偉大的領袖知道：**不要單獨行動，要建立及強化團隊，帶領大家一起達成目標**。

工作中有了好夥伴，好處很多，例如：

- ・截長補短，相得益彰。
- ・避免孤掌難鳴的膽怯與無助感。
- ・一起做事，更有創意、樂趣與動力，可避免不必要的失誤。
- ・更多人才的加入，更有信心與能量。
- ・互相督促與鼓勵，以免停滯不前。

領袖能把表現傑出的個別人才，編組為一支優秀的團隊，讓每個人都能貢獻其創意與能力。**何謂人才？鴻海的用人哲學：第一看人品，第二要有責任感，第三要有意願工作**（穆志濱，2009：145-147）。如果人品有問題，能力愈強則公司的損失反而愈大。工作責任與意願是指珍惜自己的職務或工作機會，一流大學畢業的畢業生，有時會覺得自己大材小用，因而看輕自己的工作。

人品與才華不一定成正比，司馬光寫〈才德論〉時提出「為國家者，進取莫若才，守成莫若德」。雖然才、德各有其用，但德是手掌，才為手指，「掌亡則指不可以用矣」，所以品格是人才的根本。

司馬光撰寫《資治通鑑》時，對才、德的定義及相互關係有進一步的說明。他說：「聰察強毅之謂才，正直中和之謂德。才者，德之資也；德者，才之帥也。」才、德並不是各有其用，而是「以德統才」。司馬光依照才德之有無、相勝，將人分為四等：

才德全盡謂之「聖人」，

才德兼亡謂之「愚人」，

德勝才謂之「君子」，

才勝德謂之「小人」。

司馬光認為，才與德是兩回事，世俗之人因為分不清，一概論為賢明，於是看錯了人。「才」是指聰明、明察、堅強、果毅，「德」是指正直、公道、平和待人。才是德的輔助，德是才的統帥。有德的人令人尊敬，有才的人使人喜愛；對喜愛的人容易寵信專任，對尊敬的人容易疏遠，所以**察選人才時易被才幹蒙蔽，忘記考察品德**（「夫德者人之所嚴（敬），而才者人之所愛；愛者易親（親近），嚴者易疏（疏遠），是以察者多蔽於才而遺於德。」）

團隊的定義

團體和工作團隊不同，一個團體中可能包含數個不同性質的工作團隊，二者於概念上有下列差異：

1. 團體較著重科層體制、集權化，有一位領導者，享有絕對的權威。團隊成員則為平等化、分權化，共享領導權。

2. 團體重視分工，著重個人的工作成果，強調個人的工作責任。團隊則個人和團體的責任並重，著重集體的工作成果。因此，團體認為成員可以長時間獨自工作，團隊則認為成員之間必須每日或每週密切的協調工作。

3.團體強調組織目標，成員的工作目的與組織任務相似；團隊
　則有特殊的任務目標。

4.團體常用開會方式解決問題，由領導者主導整個會議的進
　行，團隊則以公開討論的方式解決問題。對於決議之執行，
　團體由領導者授權他人或指派執行者處理，團隊則由大家一
　起進行問題處理。

團隊（team）與團體（group）不同，團隊應包含以下四點關鍵
要素：

1.成員在兩人以上。

2.團隊成員彼此依賴，並在團隊運作過程中相互協調與合作。

3.團隊的主要任務是完成共同的目標。

4.團隊成員共同負擔團隊的成敗責任。

團隊種類有三種（吳佩玲等譯，2014：324-328）：

1.提出建議的團隊：包括任務小組、專案小組，以及奉命研究
　和解決特殊問題的稽核、品質或安全小組。……快速有效的
　組成，任務完成後，將建議事項移交給其他單位執行。

2.動手做事的團隊：最接近最前線的人，執行最基本的製造、
　開發、營運、銷售、服務等，無解散日期，要求高績效。

3.管理事情的團隊：少數幾人組成，督導某種業務、持續進行
　計畫或重大的部門活動。

成功團隊有一些共同做法（吳佩玲等譯，2014：307-311）：

1.製造急迫感、要求高績效目標。

2.用人唯才或注重潛力，不看個性。

3.特別注意初期會議與行動。

4.訂定清楚的行事規則。

5.掌握可立即產生績效的任務與目標。

6.不斷用新資訊來挑戰團體成員。

7.花很多時間共處。

8.運用正面回饋、認可和獎勵的力量。

領袖要懂得分配任務,找到不同的人才,承擔不同的責任。只要目標清楚,人才就可以好好發揮。奇異公司前總裁傑克‧威爾許說:「如果你挑選適合的人,並且給他展翅的機會,同時提供足夠支持的報酬,你幾乎可以不必管理他。」

團隊需要儲備足夠或傑出的人才,所以主管負有尋求人才及培育人才的責任,尤其是「培育人才」。事實上,大多數擔任領袖者都是培育出來的;所以組織要注重在職進修,一方面精進成員現在的職能,再者也儲備未來的領袖。

為什麼需要建立團隊?為什麼團體動力大於個人魅力?以我的例子來說,拿到博士學位後擔任中層主管,自然擁有了工作團隊,但「真的」擁有嗎?後來發現,我在帶領團隊方面是不及格的。雖然如此,但我有很大的成長與超越,所以結局仍是好的。

我感激緣份的安排,讓我與文化大學、世新大學等私立大學的學生相遇,改變了自己原先許多的偏見,確定了我「打破學校界線」,為更多學生服務的想法。於是我成立「華人無國界教師學會」,邀請更多關心教育的人士成為「無國界教師」,使教育弱勢的學校及學生(特偏學校及弱勢家庭)「不再缺乏老師的協助與關懷」。

下面是我大學同學孫玉燕老師成為「無國界教師」後,服務教

育弱勢地區的心得。她與夫婿特地從高雄開車前往新竹縣尖石鄉秀
巒國小（不用去國外就可看到滿山楓紅的地方），他們停留三天，
協助該校建置圖書館（田埔分校）。與其說是玉燕受到我的影響，
不如說是她說服了自己，才甘願為教育弱勢者付出。以下是她的心
得：

與高手過招

　　這是一個嶄新的里程，要不是大學同窗王淑俐教授的邀約及張
彩蓮的支持，我可能很難獨自承擔這樣的重任──用我原本的圖書
館主修，去為一個極偏學校的19位小朋友整理圖書室。

　　我相信這是機緣，淑俐把自己人生的每一歷程都當成功課在
做，努力去經營。更將自己所學的理論，化身為實際行動。於是，
我也來試試看，自己能不能成為彩蓮口中那個「有用的人」。

　　這次我要挑戰：只去三天，要把圖書館的「樣子」做出來。有
合乎規格的登錄、分類編目、排架、出納，並建立一套後續可以繼
續的機制。

　　這項工作其實已經開始，透過三民書局的書籍捐贈，我開始在
家工作。感謝同窗好友彩蓮不斷提供專業資訊及相互討論，感覺這
工作好像其實也不難！

好高興「華人無國界教師學會」陸續有夥伴加入，讓我覺得很溫暖、有力量。我相信偏鄉與特偏鄉老師的心情也是如此，他們得到足夠的關心與支持，才有能量幫助教育弱勢的學生。無國界教師是一條愛的小河、善的循環，如A-Lin所唱〈大大的擁抱〉：

> 像海洋，你的愛把我包圍。
> 藍天，寫滿誓言。
> 金色陽光，沒有你的手溫暖。
> 看著你微笑，我真的捨不得眨眼。

 ## 第二節　團隊合作的困難

我國的國民教育提倡「德智體群美」五育並重，何謂群育（Group Education），根據《教育大辭書》（吳務貞，2000）所載：

> 群育乃利導個體的個性與群性、培養群體意識、陶融社會道德、協和人際關係，以促進個體生長發展，並學習自我控制及對群體事務之判斷，以成為良好的民主社會的公民之教育。
> 個人和群體是相互依存的，個人的生存，必須仰賴群體的協調創造、群策群力；而群體的協合發展，則須仰賴個體的健全努力、互助合作。

但是，國民教育的「群育」是否達到教學目標？在下列情況下，已經產生國際合作的困難。

一、高學歷、個人主義

我國教育目前仍有「金榜題名」、考上明星學校即等於「成功」的觀念，後遺症是這樣的學生幾乎都靠自己的聰明才智考上名校，成長過程中很少與人溝通協調，更遑論共同合作甚至要配合別人。因為自己的高標準及高表現，反而經常挑剔及批評別人。當別人給他建議時，因為高自尊而拒絕別人的好意或高見，同時也拒絕改變（即使心裡知道改變是對的）。

另外，個人主義、自由至上的思潮，也使團隊合作「未蒙其利，先受其害」。團體一直停留在個人思想交流的階段，難以獲得共識。或是做了決策之後，有些成員不願意配合一起行動，甚至直接或間接的反抗領導與新政策。

與團隊一起工作時，禁忌之一是「不要自我炫耀」，其他禁忌還有（王瑞永編著，2015：93）：

1. 少說話，多做事，尤其新進員工，不要輕易發表與眾不同的意見，不要對上司或同事品頭論足。
2. 面對績效要淡定、低調，不要到處炫耀，不要把功勞攬在自己身上。即使是獨立完成的，也要說是上司和同事的幫忙。

團隊較大時，領袖不易與所有成員充分溝通，所以要「把時間和精力，大多放在核心團隊身上，其他的成員只要設定目標，讓他們正常運作即可。」（何飛鵬，2016：109）核心成員的人數較少，較容易溝通及達到溝通目的。「三十到一百人的公司：核心團隊在20%～30%左右，人數越多，團隊占比越少，一百人的公司核心團隊應不超過二十人。」（何飛鵬，2016：108）

核心團隊是指目前最重要的戰力貢獻者，也就是最有績效以及

未來最值得培養、最有潛力成為幹部的人（何飛鵬，2016：110）。
當然核心團隊的成員仍需定期汰換，以免變成一灘死水。

即使不是核心團隊的一員，仍是團隊不可或缺的人員。對於團隊成員的正確態度，如彼得‧杜拉克（齊若蘭譯，2010：138-139）在《杜拉克談高效能的5個習慣》一書的習慣3「善用人之所長」：

> 高效能的管理者絕不會問：「他和我和不合得來？」
> 而會問：「他能有什麼貢獻？」絕不會問：「他有哪些
> 事情辦不到？」而會問：「他能把什麼事情做得特別
> 好？」

這就是「知人善任」，若因「代差」而使領袖不易看出年輕世代對團隊有何貢獻（反而大多看到他拖累團隊的一面），該怎麼辦？尤其面對從小就活在網際網路普及的Z世代（Generation Z，意指1990年代中葉至2000年後出生的人），又被稱為M世代（多工世代，Multitasking Generation）、C世代（連結世代，Connected Generation）、網路世代（Net Generation），或是網際網路世代（the Internet Generation）。Z世代以其獨特的能力為組織注入活水，但也在許多方面出現矛盾現象，是其他世代的領袖需要認識及自我調適的地方。例如：

1. Z世代不同於規律的前一代，較為任務導向，不拘工作場所與時間。
2. Z世代注重即時訊息及迅速反應，與年長世代不免產生立即衝突。
3. Z世代熱衷編組、專案合作等機動工作方式，與過去面對面的會議或電郵、電話的溝通習慣不同。

4.Z世代依賴網路搜尋而來的資訊，上個世代傾向請教權威。

二、沒有信任就沒有領導

人們不會追隨不信任自己的領袖，所以領袖若不信任下屬，就會什麼事都要插手，不管下屬怎麼做都有問題。能力太好的主管可能剛愎自用，聽不進別人的建議，於是無法找到得力助手來分擔工作（更不可能充分授權）。

團隊中若有其他人具有領導能力，甚至影響力更強大時；正式領袖與非正式領袖之間的競爭會造成「雙頭馬車」現象，互不信任即可能造成「翻車」。

所以，當團隊成員之間意見不同時，應該（王瑞永編著，2015：103）：

1.專心聽，保持目光接觸，表情要隨著對方說話內容而有相應變化。
2.保持自然微笑，為討論問題創造和諧氛圍。
3.有耐心，等對方把話說完，再發表自己的意見。
4.邊聽邊做紀錄，把自己的疑點和不贊同的意見一一寫下來，再和對方詳細討論。

三、問題成員的處理

在如今注重團隊合作的職場生態中，什麼樣的表現可稱為「善於與人合作」（王瑞永編著，2015：175）？

1.選擇一個適合自己的團隊，牢記自己是團隊的一份子。與團

隊共進退，絕不搞個人主義。

2.遇到不懂的問題，及時請教上司和同事。

3.當別人向你請教時，耐心解答，直到對方明白為止。

4.力所能及的幫助需要援手的同事。

遇到不肯進步的夥伴（即將退休或留在舒適圈），則以團體紀律或規則來約束，否則會造成「破窗效應」。領袖則要以平常心來接受這種「抗拒」，以免影響自己的工作士氣，擴大上下對立（對抗者也會集結反對力量）。增進團隊執行效能的具體做法如下：

1.發掘團隊低效能之存在，制止其蔓延與擴大。

2.團隊低效能的正確「歸因」（內外在因素）與預防。

3.演練團隊高效能的策略與標準作業流程。

4.團隊高效能與低效能的案例解析。

對於能力較低的團隊成員，如何在適當時間提醒與幫助他們？團隊中有人不做事、配合度低，例如有些員工「把目標訂得太低」，以致閒置的產能太多。大學生常有此種現象，對自己的作業完成水準訂得太低，例如滿分為10分只做到4分（至少也該7-8分），若不要求改善，大學四年下來的能力可能無法提升，也妨礙團隊前進的速度。

總之，主管不能繼續「縱容」問題員工，以免他一直輕忽自己的問題而重複犯錯，造成的損失卻要團隊全體買單。所以領袖要發現問題（且問題不大時）立即處理，不讓問題員工的狀態存在。**逆向操作的方式是給他非常困難的任務來考驗及訓練他**，這當然有風險，所以要「恩威並施」、「剛柔並濟」，安排適當的「同儕教練」來陪伴與協助他。

我 的 生 活 實 驗

小實驗：你是「知人善任」的主管嗎？由低至高以1-10分來評量，
　　　　你給自己幾分？為什麼？

大實驗：你是「善於與人合作」的工作夥伴嗎？由低至高以1-10分
　　　　來評量，你給自己幾分？為什麼？

校園特派記者

友倫　台灣科技大學企管系／台科大學生會副會長

「如何團隊合作——善用別人的專長？」

　　我在許多課堂內擔任組長，經過多次磨練，我整合出了一些方式來打散和重組小組。因為大學的課程分組規模都不大，我會先和組員多次溝通，嘗試瞭解他們的專長和興趣，並與之交心，才能讓別人心甘情願照著你的決定做事。

　　我通常會以他們的生日、個性、專長、背景來進行瞭解，再分配適任的任務讓他們執行。也就是說，把工作分出去給某一個人並不困難，真正的重點是他要適合那個位置，否則仍是浪費人才。好領袖要多花心思與下屬互動，才能把他們擺在正確的位置上，之後就不用費心管理他們，也能自然提高團體績效。

自我激勵

　　領袖是指能帶領一群人一起完成工作的人，所以關鍵不在自己的能力與魅力有多少，而在自己能賞識下屬的能力與魅力。領袖若不懂得「舞台人生」，自以為是最佳男（女）主角而目中無人，即使你演的是英雄或超人，這齣戲也演不下去。你要知道自己能登台成為耀眼的明星，是幕後無數人的貢獻，所以要永遠謙虛，永遠感恩別人。

只要志同道合，人數者不怕多

Chapter

7

激勵技巧與危機處理

好領袖怎麼想

★孫子兵法

下君盡己能，中君盡人力，上君盡人能。

★見賢思齊

1. 大部分的領袖較在意自己的地位與聲望，以為必須使人崇拜你，甚至以「愚民」的方式管理下屬。其實這是層次較低的「下君」，只靠一己能力來獨撐大局，團隊成員沒什麼發揮空間。

2. 層次較高的「中君」能運用組織力量讓大家參與，但成員仍需等待領袖的發號施令，未能自主思考、主動行動。

3. 「上君」是最好的領袖，能「激發」成員的潛能與熱情，讓追隨者相信自己，表現出超越目前能力的水準。

上君的激勵技巧首先要用在自己身上，習慣成自然之後，就能順利轉移到追隨者身上。

由下到上，這三層次的領袖有時不易區分。因為即使你想成為上君，卻只能做到中君。激勵或授權需要向高手學習，並可從觀察著手。

為什麼上君情願花時間來激勵他人，而不是乾脆自己直接去做？

即使對方做得不如自己，為什麼上君仍然給他第二次機會？

哪些言語或動作，算是「有效激勵」？

第一節　激勵的意義與技巧

　　我們都希望自己能升格為「上君」，讓員工從被動變主動、消極變積極。自動自發、自訂目標、不必督促，把團體工作當成自己的事情，與組織共患難，與其他人一起分擔工作。

　　上述狀況不會自動發生，仍需領袖因應不同員工的個別差異，靈活運用各種誘因來激勵，例如：金錢獎勵、歸屬感、共同目標、授權、信任、困難任務、回饋（來自上司或顧客）、高峰經驗、頒獎、激將式的斥責等。

　　領袖信任團隊成員的能力（含潛能），就是最大的激勵。我的父親是一個善於激勵的人，無論子女目前的狀況如何（包括跌到谷底），他都能因材施教，設立不同但「合理的」（也就是我們達得到、不太高的）目標，進行「差異式」鼓勵或獎賞（也就是對我們有效的增強，包括物質及精神）。

　　激勵著重於「貢獻」，而非表面的成就。在我拿到博士學位後，兩、三年時間一直找不到正式職位（我想要的、也是社會標準認同的理想工作），於是我自創課程開班授課，因為恩師賈馥茗先生對我說：「重要的不是你在什麼位置，而是你有什麼貢獻。」要在工作中找到自己可貢獻之處，甚至創造自己可貢獻的工作，這都需要強大的自我激勵。**將外界不一定會給你的不確定激勵，轉變為自己隨時都可給予的自我激勵。**

　　鼓舞的方式有哪些？抽象如：真心感謝或佩服、欣賞的眼神與表情；具體如：一個頒獎的儀式或有象徵意義的典禮、慶祝活動、獎牌、獎品、獎金。這兩類都有效及重要，可以兼重。

一、激勵保健理論

雙因素理論（Two Factor Theory）又叫做「激勵保健理論」（Motivator-Hygiene Theory），是美國行為科學家弗雷德里克‧赫茨伯格（Fredrick Herzberg）在20世紀50年代末所提出。赫茨伯格調查工作中哪些事項讓人滿意，並估計這種積極情緒能持續多長；反之則哪些事項讓人不滿意，估計這種消極情緒能持續多長。結果發現，**滿意的事情都屬於工作本身或工作內容，不滿的事情都屬於工作環境或工作關係。他把前者叫做激勵因素，後者叫做保健因素。**

保健因素類似衛生保健對身體健康的作用，包括：公司政策、管理措施、監督、人際關係、物質條件、工資、福利等。當這些因素惡化到不能接受時，就會對工作感到不滿。

能帶來積極態度的是激勵因素，包括：成就、賞識、挑戰性的工作、增加的工作責任，以及成長和發展的機會。當這些因素充分提供時，就會對工作感到滿意。

赫茨伯格發現，激勵因素和保健因素有重疊現象，如賞識屬於激勵因素，能產生積極作用；但沒有獲得賞識，則可能起消極作用，這時又為保健因素。工資是保健因素，有時也是能產生使員工感到滿意的激勵因素。

激勵因素通常與個人對工作的積極感情有關，但有時也涉及消極感情。而保健因素幾乎都與積極感情無關，只會帶來精神沮喪、脫離組織、缺勤倦怠等結果。**保健因素相當於馬斯洛提出的生理需要、安全需要、感情需要等基本層次的部分；激勵因素則相當於受人尊敬、自我實現等較高層次的需要。**

但，物質需求的滿足仍是必要的，沒有它會導致不滿。但即使物質獲得滿足，它的作用往往有限、不持久。要激起員工的積極

性，不僅要物質利益和工作條件等外部因素，更重要的是工作的安排要適才適所，且多進行精神鼓勵，多給予表揚和認可，讓下屬擁有成長、發展、晉升的機會。

要激起團隊成員的積極性，可採以下兩類做法：

1. 直接滿足：又稱工作任務內的滿足，是經由工作本身和工作過程之人際關係而獲得。能學習到新知和技能，產生興趣和熱情，使員工具有光榮感、責任心和成就感，使人得到內在激勵。這種激勵需要的時間較長，但積極性一經激勵起來，不僅可以提高生產效率，而且效果能夠持久。

2. 間接滿足：又稱任務以外的滿足，是在工作以後獲得，例如晉升、授銜、嘉獎或物質報酬和福利等。因為不是直接的，往往有一定的侷限性，常使人感到與工作本身的關係不大。雖然也能顯著提高工作效率，卻不容易持久，處理不好還會發生負面作用。

領袖最好能夠綜合運用多種激勵，物質獎勵是人的基本需要，合理而富有競爭力的薪資，是留住人才的基本策略。但更要注重精神激勵，多培養員工自我監督與自我超越的態度，使大家朝著組織整體目標和共同願景一起努力。「想激勵和鼓舞員工，就必須協助他們看見自己能讓世界變得如何不同。……領導人最重要的工作，就是傳達你的熱情，並讓員工與更大的目的相連結。」（蔡宏明譯，2009：8）

二、將責備轉為激勵

當下屬表現不佳時，現代的領導者不是「責備」，而是符

合時代趨勢的「提醒」。也就是「理解、體察員工犯錯背後的原因，……以諮商師的態度詢問與傾聽，不批判對方的話，適當的表示肯定、關心與同理心。」（祖宜譯，2013：30-31）「傾聽、同理心、滿足員工的自尊心，是降低員工防備心，建立彼此信任關係的基礎；最後再以鼓勵的話，對他的改變給予增強。」（祖宜譯，2013：90）

但，還是有些成員需要以「當頭棒喝」的方式「罵醒」，懲罰或說重話（責備）之後，再安撫及給予下一次努力的目標。成員有明顯的改善後，則要大力讚美及鼓勵。這種恩威並施、賞罰並重的策略，更能明顯看出激勵效果。

如TLC頻道的節目「沉重人生」，減重手術醫生諾扎爾丹（Nowzardan）常「直言」病患的問題，並要求病患必須先減掉50磅（23公斤）以展現與證明自救的決心與行動。要求病患嚴格控制飲食，必須起床及多運動，不然就有立即性的生命危險。面對消極的病患，諾扎爾丹醫生甚至會暴怒，直接告訴病患不再替他們治療。所以不夠積極的病患，常畏懼諾扎爾丹醫生的責罵。反之，當諾扎爾丹醫生看到病患的努力成果，也不吝於大力讚美，這時的激勵效果也特別強。

三、用感情與關心來激勵

「士為知己者死」、「動之以情」、「帶人帶心」等感情因素，也是有效的激勵。但領袖要先去除為自己利益著想的念頭，否則只是與員工「利益交換」，而非真實的激勵。情感激勵的方式多樣，例如：

1.進行一對一的會談以展現關懷。

2.工作之外的非正式聚餐、聯誼活動,數日的旅遊、健行更佳。

3.規劃員工家屬可以一起參加的活動。

4.當某些員工有困難時,對其伸出援手。

5.平常的互動不要過於嚴肅與正式,可以生活化與人性化。

四、給予克服困難的力量

以鼓勵取代稱讚,雖然兩者有些重疊,但稱讚較偏已有的具體成就(像是「歡呼」),鼓勵則是支持朝著成功方向邁進(像是「加油」)。稱讚是一種評價,有操控意味。鼓勵則是佩服,是看見其自發或內在的動機。還可給予頭銜以增進責任感,或以最後的「成果」來激發工作熱情。對待下屬要「先嚴後寬」、「先苦後樂」,鼓勵是看重其自我驅動、自我體驗、自我修正的部分,最後的報酬則是「自我突破」、「自我肯定」及「自我實現」。**領導者的角色類似「教練」,對員工施以較嚴格的訓練。**

五、領袖示範和帶頭作用

領袖的示範和帶頭作用,是一種激勵,也能讓員工因而學會**自我激勵。**「成長中的組織,需要領導人保持充沛的精神和體力與人溝通,而且充滿熱情與執著。……即使你必須長時間工作,也必須照顧好自己的身體,例如吃一些營養健康的食物、休息、運動,和做一些自己喜歡的事,這些方法都應該能讓你感覺恢復原狀。」(蔡宏明譯,2009:119)

需要員工做什麼，領袖就得先知道正確的做法，且以身作則，才能對員工有合理的要求，不致過於嚴苛、不通人情。

六、激勵的路徑

1. **讓他明白做某件事與他的「利」、「害」關係。**也就是從員工渴望獲得與害怕失去的「利」與「害」，來激勵員工積極行動。

2. **分享事實與困難。**也就是告訴員工目前面臨的困難，以激發其危機感與責任心。以我來說，當年單親父親告訴我家中的困境：沒錢買菜、向人借錢、沒錢看病、沒錢補習……，反而激勵我發揮潛能以解決問題。也就是領袖要把大家帶到同一條船上，使大家「同舟共濟」。

3. **重點一再重述。**準備介紹一項計畫、提案或專案時，最好能使用最大量的討論論壇，像是簡報、電子郵件、部落格、網上討論群，以及非正式對話，一再重述重要的訊息。如果你能有效使用這些溝通工具，就可以讓員工變成專案或任務的合作夥伴；他們也會充分理解，並感謝你提供的每一次參與機會。（蔡宏明譯，2009：81）

4. **集合一群人一起創造動能。**領導人要「建立自己的小軍隊……來協助你增強員工的能量，並創出正面感受……主管要與員工溝通公司的願景和價值觀，以及分享公司的成功故事。（蔡宏明譯，2009：160）

5. **給予正向感受。**成功人士或企業都擅長營造正向氣氛，讓你受到激勵而自然產生行動。例如我的朋友王悅賢律師，也是國際通商法律事務所負責人，他常掛在嘴邊的讚美語是：

「太棒了！」（請試著用誇張但真誠的口吻說說看）。

康是美的諮詢師會蹲下來幫你找商品，嘴上也沒停止的介紹商品（最常說「這個我自己用過」）。我家附近菜市場的豬肉西施（真的是能幹又美麗）一邊剁肉一邊在口頭上熱情地招呼你。這些做法都很能激勵人採取行動，想跟他多買一點。

 ## 第二節　危機處理的應變訣竅

現代社會不論科技、自然環境及人心，都快速與強烈的變化，遠遠超過個人所能預測與掌控的範圍。緊急問題或危機發生時，因為沒有過去經驗或處理方式可以依循，所以需要更大、更快的應變、適應或抗壓能力。

一、擺脫煩惱的神奇公式

「生於憂患，死於安樂」、「人無遠慮，必有近憂」，憂慮不全是壞事，善加利用則建設性更強。「卡耐基訓練」創辦人戴爾・卡耐基在《別讓憂慮謀殺你自己》一書中，提供一個擺脫煩惱的神奇公式（2015：37）：

1.自問：「可能發生的最糟情形是什麼？」
2.做好接受最糟情況的心理準備。
3.接下來冷靜謀劃策略以改善現況。

戴爾・卡耐基認為，依照下列四個步驟去做，九成煩惱都可以消除（2015：56）：

1.詳細記錄煩惱的事。

2.再記錄自己所能採取的對策。

3.決定該怎麼做。

4.立刻實行你的決定。

　　每個人都會面臨或大或小的煩惱，能依上述公式及步驟而順利解決，實在是非常明智。否則若罹患了憂鬱症，即難「理性」列出解決的對策，遇事容易猶豫不決，使問題因拖延而擴大及變成緊急事件。**但即使罹患憂鬱症，也別因此小看甚至否定自己，仍可和「自我懷疑」論辯，相信自己還有許多優點，對工作還有許多貢獻，要繼續工作及自我挑戰。**領袖遇到下屬罹患憂鬱症時，也應以此態度對待他，繼續相信及支持，千萬不要貶低及看輕他。

二、減少或處理危機事件

　　領袖要經常檢視團隊工作執行的進度與成效，即使是小問題，也要立即處理，以免擴大成危機事件，要花更多時間心力還不一定來得及解決。減少或處理危機事件之具體策略如下：

1.及時覺察危機的發生，制止其蔓延與擴大。

2.危機的正確「歸因」（內外在因素）與預防。

3.演練危機的因應策略與標準作業流程。

4.危機處理的案例解析。

　　如果危機已經發生，就要「化危機為轉機，化衝突為動能」，設法「起死回生」或以「不打不相識」的正向心態面對。當然最好的策略仍是「預防危機的發生（或復發）」，例如，要提升團隊績效而須進行改革時，如何讓團隊接受變革？否則「強行實施」新政

策，即可能埋下危機的種子。其他在團隊中可能發生的危機還包括：網路匿名中傷、下屬的反抗與批評、團隊的派系不合甚至可能解體。

　　領袖還要留意是否因自己的「不恰當行為」，造成組織或團隊的危機？這裡的危機包括：破壞上司與下屬之間的關係、減損下屬的績效、造成下屬的離職。領袖的不恰當行為包括：情緒管控不佳、言詞態度不當、決策考慮不周、執行力不足、不能及早阻止危機形成等。

我的生活實驗

小實驗：我是個善於自我激勵及激勵別人的領袖嗎？我最常運用哪些激勵策略？我應該再增加哪些激勵策略？

大實驗：觀察及詢問周遭優秀領袖自我激勵及激勵別人的策略有哪些？對你有何啟發？

校園特派記者

友倫　台灣科技大學企管系／台科大學生會副會長

「領導者如何處理別人的批評？」

　　過往我遇到別人無理的批評，總是充滿憤怒，想著「明明不是我的錯，為什麼該由我來承擔？」因為抑鬱著滿肚子的怒氣，對於

謠言和誣告的反應也很大，總拚命解釋自己是被冤枉的。

　　幾年前讀到了這篇「寒山問拾得曰：世間謗我、欺我、辱我、笑我、輕我、賤我、惡我、騙我、如何處治乎？拾得云：只是忍他、讓他、由他、避他、耐他、敬他、不要理他、再待幾年你且看他。」

　　自從讀到這段古書的指引，我反覆想了想：是啊！「再待幾年你且看他」。現在我已看得透了，笑罵由人，所以心情也很平穩。但是還有一點要和朋友們分享，如果身邊許多人都在批評你，就真的需要好好想一想「自己到底哪一部分做錯了？」有錯則改，不僅能避掉可能的危機，也能贏回團隊成員的尊敬。

 與高手過招

蔣佳良　臺北市信義國中校長

鼓勵更能令人信服

　　感佩淑俐教授在百忙中還不忘教育重責，藉由著作傳遞她對「領導與溝通」的見解，更令人佩服的是她從「人際互動大數據」的觀點，剖析領導與溝通的精髓，此書實在是值得有志成為領導者的青年學子細細品味。

　　其實「領導與溝通」就是處理人際互動過程的點點滴滴，想成為一位成功的領導與溝通者，就是在人際互動的過程中，同理對方的心情與立場，站在對方的角度思考問題，尋找有益於彼此的利

基，創造雙贏的結果，這就是成功的領導與溝通。

有關「領導與溝通」理論及特性的闡述，淑俐教授在本書中已有精闢論述，在此，個人僅分享一則有關領導與溝通的實務經驗，供閱評者參酌。

雖然我們都知「揚善於公堂，規過於私室」，但有時部屬有嚴重錯誤時，不加以責備，反而能讓部屬更加信服於你，而願意為組織做得更多，這樣對組織的進步有更大的助益。

106年4月26日，當時是個人在民族國中擔任校長的最後一年（第八年），這天也是學校通過臺北市優質學校「學校領導」向度初審後的複審時間，對我個人與民族國中而言，都是一個相當關鍵的日子。但是，就在複審簡報播放過程中，負責的主任有嚴重的疏忽，造成簡報過程不順利（前一天試播是沒問題的），這對名為「學校領導」向度的複審而言，著實是一件嚴重的瑕疵。

複審結束，該主任主動來我辦公室，自責的直說對不起。然而我並沒有責備他，反而給予安慰和鼓勵，因為大家已經盡心盡力了，我請主任不要自責於一時的失誤，而是要積極的為下一場訪視準備。當時我察覺主任的反應有些訝異，我竟沒有因為他出了這麼大的紕漏而責備他，反而以安慰和鼓勵代替，當時他在Line上的發言（右圖），正可說明鼓勵更能令人信服。

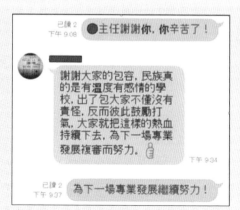

個人認為，這就是領導與溝通的「眉角」，如果我

當時責備主任，不會改變複審的結果，反而增加主任的罪惡感，對組織的向心力更是於事無補。

還好，瑕不掩瑜，當時民族國中不僅通過「學校領導」優質獎，同時通過「專業發展」優質獎。這樣的結果讓民族國中在三年內總計通過四項優質學校獎項，成為第一所得申請一次免校務評鑑的公立國中。更值得一提的是，在當（106）年度公私立高國中小，民族國中是唯一通過「學校領導」優質獎的學校。

直言之，「領導與溝通」沒有制式的準則與規範，只要順應自然法則即可，猶如老子所言：「人法地，地法天，天法道，道法自然」，一切作為若能順應天理，無違自然之道、不背離人性，就是最佳的領導與溝通準則。

自 我 激 勵

好領袖善於激勵下屬，但要從自我激勵開始，最終希望下屬能夠自我激勵。

對自己的激勵夠不夠？對團隊成員的激勵夠不夠？從現在開始要進行哪些激勵策略？

遇過最善於激勵別人的是誰？得到過最有效的激勵是什麼？

是硬漢的夥伴，要就一起吃苦

Chapter 8

權威與說服力

第一節　真正的權威
第二節　說服與影響力

好領袖怎麼想

★石油大王洛克斐勒

做了「對的事情」之後，接下來最重要的事是，讓別人知道你正在做「對的事情」。

★見賢思齊

領袖的權威或聲望從何而來？可以保證的是，絕不會「憑空而來」，不會是表面、空泛的「虛名」。或是像「氣球」一樣，雖然很大卻不實在、一戳就破。什麼是「領導者權威」？答案得從「為什麼要領導？」開始。

從洛克斐勒的話即可知，領導不是為了建立領導者個人的威望，而是要帶領大家一起去做某些正確的事。只要是好事或該做的事，領袖就要設法讓更多人知道且一起去做。

所以，領袖「低調做人」卻「高調做事」，他會運用各種管道與方法，讓人們知道自己正在做一些好事或對的事。說服愈多人跟著去做，就代表領導愈成功。

 ## 第一節　真正的權威

> 領袖需要有權威嗎？
> 需要怎樣的權威呢？
> 是真正的權威嗎？

有些領袖太注重個人及表面的權威，以致容易覺得自尊受損或不受尊重。這樣不僅與下屬拉開距離，聽不到下屬真正的聲音或傳言，下屬也會擔心冒犯上司，而不敢親近或表達正確的意見。

上司當然要表現權威，但過程中猶不免擔心與矛盾：

1. 我看起來有威嚴嗎？如何立威、讓人口服心服？
2. 領導者需要怎樣的個人魅力、眼光？如果自己的個性柔弱、沒有領袖氣勢，是否適合擔任領袖？
3. 如果指揮不動團隊的某些成員，該怎麼辦？
4. 如何處理下屬對權威的消極抵制或明顯反抗？

一、合法權力的來源

德國社會學家馬克斯・韋伯（Max Weber）將合法權力的來源分為三種類型（教育部教育雲）：

1. 傳統權威（traditional authority）：此種權威來自成員對傳統制度與傳統觀念的信仰，多半因血統與世襲制度而產生，此種權威被認為是神聖不可侵犯，只可服從而不可違抗的。此權威最大詬病之處在於沒有隨著時代推演而進步，造成有才有能之人無法晉升，組織最終衰落。

2. 魅力權威（charismatic authority）：此種權威來自領導者本身特殊的人格魅力對成員的吸引，領導者本身人品超群或才智優越，一舉一動無形中就能吸引成員追隨。此種權威最大的缺點在於「人在政存，人去政亡」，當具有強烈魅力的領導者離去時，組織多半就會面臨瓦解的情形。

3. 法定權威（legal authority）：此種權威的建立乃基於法令規章的基礎，當領導者占有某一職位時，法令即賦予此職位某種權威，所以組織成員不是服從領導者個人，而是服從規範此職位的法規，就是所謂的法治而非人治。科層組織中所談論的權威，主要即是指法定權威，科層組織中也會同時存有魅力權威與傳統權威，但相較之下，法定權威仍為組織中運作的主力。

由上可見，過於強調或依靠某種權威類型，都不足以支撐組織的發展與命運。領導者本身即使人品超群或才智優越，也需要「法定權威」來立威。反之，就算擁有「法定權威」，但是「魅力權威」——人品或才智不夠傑出，就無法吸引成員追隨，無法讓人口服心服。

二、領導者影響部屬的五項權力基礎

美國社會心理學家法蘭屈和雷文（French & Raven）於1959年提出領導者影響部屬的五項權力基礎：

1. 合法權力（legitimate power）：由組織正式任命領導部屬的權力，即所謂的「職權」。

2. 強制權力（coercive power）：領導者有強制部屬服從命令的

權力，若不遵從上級意圖即可能產生負面結果。

3. 獎賞權力（reward power）：領導者擁有控制或管理報酬（金錢、晉升等）的權力，服從領導會帶來正面、有利的結果。

4. 專家權力（expert power）：領導者本身擁有專門知識和技術，足以領導他人而產生領導作用的權力。

5. 參考權力（referent power）：屬下對領導者心悅誠服，願意遵從他的意見，與領導者個人的品質、魅力、經歷、背景等相關，此權力建立在下屬對上司的認可和信任的基礎上。

日本企業家稻盛和夫認為：**經營的第一要訣是讓員工被你的人格魅力所吸引**。只有信賴你、欽佩你，才能與你同甘共苦。他說：「居於上位的領導們需要的不是才能和雄辯，而是以明確的哲學為基礎的『深沉厚重』的人格。包括謙虛、內省、克己之心，尊崇正義的勇氣，或者不斷磨礪自己的慈悲之心。一言以蔽之，就是他必須是保持『正確的生活方式』的人」。（吳學剛編著，2013：206-207）

三、外在形式的權威

除上述各種權力之外，有時權威可透過某些外在形式來展現。例如：

(一)得體的穿著

比較正式或符合身分象徵的穿著打扮，也就是「穿得像對方所期待的群體」，例如：司法人員的法袍、警察人員的制服、醫護人員的白袍、道士的道袍、專業人士的西服……，就能展現該群體的權威。

另外,某些行業雖然沒有制服或象徵性的服飾裝扮,但當你注重穿著或正式的服裝、打扮時(含髮型、化妝、配件等),即等於「宣示」你的權威,可提升別人對你尊重的程度。或「展現」魅力權威或參考權力,以贏得別人的注意、信任與合作。這也是我們進入職場前,需要提前學習之處。

說服別人不僅依靠說服的內容,也有賴說服者的形象,包括外在吸引力以及「專家權威」。吸引力是指能否被對方所喜歡、接受,並願意接近、服從。

(二)詞語的運用

言談中穿插一些專門領域的術語、比較文雅艱澀的詞彙,或是英文等外語。例如:因為英文是世界語言,所以一般會認為善於運用英文的人具有較高的權威,因此我國極力推動雙語教育。

同一個資訊、行為經由「學者專家」透露,就比一般人來得可靠。或某些人具有豐富的經驗及相關資料時,他說的話也較為別人所採信。

(三)神情與姿態

具有酬賞或強制權力的人也較有說服力,例如:老闆、老師、父母。另外,以你渴望的「利益」進行交換時,也具有說服力。或「放下身段」與對方「打成一片」,把自己變成對方的「楷模」,讓對方想要「像你一樣」,因而接受你的影響。

有時具備某種氣質的人,也是比較能信任的人。例如職場上常有所謂「非正式領袖」(informal leader),是組織內成員自發推選的領導者,他沒有正式職位、職權和責任,但因常幫助組織成員解決私人問題、承擔某些責任、協調組織成員之間的問題,因而能影

響他們的價值觀念與行動。

　　一個成功的領導者，也應向非正式領袖學習，能集正式領導與非正式領導於一身最好。若不能，則要與之充分溝通與合作。他會是你與被領導者之間很好的橋梁，必要時也是很好的「和事佬」。

 ## 第二節　說服與影響力

　　用口語或文字進行說服，是一種改變／調整他人想法、價值觀、行動的能力，有時像一種魔法。沒有人天生具有強大的說服力，這是有意識或無意識中培養出來的能力。有人可以說服一部分人，但沒人可以說服所有人。有人可以說服所有人一段短暫的時間，但沒人可以說服所有人一輩子。

一、說服的心理戰術

　　說服能否成功，除了個人技巧，還要依靠被說服者的態度。只要你符合他心目中的權威形象，你說的話就特別有份量。

(一)滿足對方的需求

　　韓非子說：「說服別人的困難，在於瞭解及抓住對方的心理需求。」（「凡說之難，在知所說之心，可以吾說當之。」──《韓非子·說難》）。因為每個人想要的不同，有人要名氣，有人要利益，有人兩者都要。有人假裝都不要，其實卻都想要。所以說服對方時，既要滿足他的心理需求，但又不能「戳穿」他的真正心態，以免他惱羞成怒。若其需求不明顯，就應先試探或激發其需求。

(二)營造輕鬆的氛圍

使對方輕鬆、自在（心情好），則說服較易成功。我們不願接受別人的好意，常因對方給我們的壓迫感太大。所以職場上，上司與下屬之間不要過於刻板嚴肅，要兼顧工作任務與人際關係。大家是平等的夥伴關係，更可以是互相幫助及支援的親密關係——超級好朋友。

(三)物以類聚

設法使自己與對方「相似」，彼此差距愈小，愈容易說服成功。人們較願意接受與自己處境相同者的意見，對於「異己」則有排斥心理。所謂「異己」是指與自己差異過大，尤其是樣樣優於自己的人。所以上司或領袖，不要一副「自己永遠是對的」、「自己絕不會犯錯」的高姿態，不要給下屬貼標籤，例如：無知、不成熟、偷懶、逃避等，使下屬覺得不被瞭解，無法和上司或領導者「打成一片」。

(四)要有耐心

要贏得對方信任，需要一段時間；所以說服時不可缺乏耐心，要再接再厲，使對方瞭解你的誠意。不可強迫對方或過於急切，反而引起懷疑、造成反效果。一次說服不成，則應「暫停」，一段時間之後再次進行。此技巧稱之為「睡眠者效應」（sleeper effect），使你想說服的資訊在對方心中「醞釀」，也使對方「淡忘」當初自己不同意（或對你反感）的記憶。

(五)動之以情

是指當彼此關係良好時，說服以情感攻勢最為有效。關係良好是指彼此相互信賴，說服者以真誠贏得被說服者的「信任」。**職場上建立起良好的上下關係，即可以情感為說服對方之重要基礎。**否則，上下之間很難交心，團體動力也會相互抵銷。另外，以情感策略進行說服時，時間、地點、方式也都要重新安排。

(六)充分的理由

孔子說：「導之以德，齊之以禮，有恥且格。」（《論語‧為政》）領袖就算未能達到「以德服人」的境界，至少也該做到「以理服人」。上司不能取得下屬的信任或無法推動政策時（下屬陽奉陰違），即應反省是否所說的理由不夠充分，而非下屬不可理喻。

二、如何面對不適任或士氣低落的員工？

不適任或士氣低落兩者狀況不同，前者可能是個人問題，後者可能是組織氣氛、領導方式與制度的問題。需要先探究原因，才能真正對症下藥。

只要是人才，甚至可容忍其壞脾氣，彼得‧杜拉克（齊若蘭譯，2010：138）說：

一流的教師或出類拔萃的學者是否懂得討系主任歡心或在教職員會議中表現得隨和可親，其實一點也不重要。學校付校長或主任薪水，就是希望他們能提高一流教師或學者的工作效能，即使因此在日常行政作業上帶來一些不愉快，付出的代價仍然算便宜。

　　我們的團隊成員，若沒有彼得‧杜拉克所說的一流或出類拔萃時，我們還是會生氣「他為什麼做不好？」，此時就要調整為「如何可以讓他做好？」

三、如何面對不服領導的員工？

　　員工不服領導，除了個人獨特的因素（性格或觀點）之外，也可能因為領導者的權威不足，包括個人魅力、眼光、學識、技能，以及個性不夠果斷、沒有自信、溝通技巧不足等，這不代表你不適合擔任領袖，而是趁這個危機來讓自己澈底改變。

　　如果指揮不動團隊的某些成員，或下屬對你的權威消極抵制或明顯反抗，你要先承認他所想、所做是對的，以保留他的顏面、滿足他的自尊心，之後再予以說服。如果你的權威及說服技巧不足，當然很難改變他。但反過來說，他的不合作，正好反應你的權威及說服技巧不足，所以恰可藉此危機來改造自己。以說服他為目標，展開自己增強權威及表達技巧的學習歷程。

我 的 生 活 實 驗

小實驗：你最近遭遇到什麼危機？如何化解？效果如何？

大實驗：詢問幾位周遭優秀的領導者，他們最近遭遇到什麼危機？
　　　　如何化解？效果如何？對你有哪些啟發？

校園特派記者

舜傑　台科大機械系／台科大學生會會長

「我最想充實的領導能力為何？」

我最想充實的領導能力是「說服」，因為我是個較為「隨性」的人，這讓我很容易與人交朋友，但對於領導者來說，卻是一大「致命傷」。

以做報告來講，我常常覺得「差不多」就好，有些出錯也隨便處理。自從當上班代、學生會的會長等領導角色之後，我發現隨便的態度無法說服你的部員，甚至有時自己都會覺得心虛。如果自己都沒辦法說服自己了，部員自然不會信任你。

「隨性」放在自己的事情上，可能看來灑脫。但放在團隊的事務上，就顯得「隨便」、不夠正式，讓下屬不能分辨你說的是真是假，甚至讓他們對你的不認真感到不滿。

與高手過招

2018年6月23日，泰國北部清萊府的少年足球隊「野豬隊」十二名少年和教練，因睡美人洞遭暴雨灌入而受困洞內。為尋找失蹤的十三人，兩週的時間裡，世界各地數百名志願者投入救援，軍警人員、潛水專家、醫療人員、工程公司、救難團隊等。除了泰國政府傾力投入，緬甸、寮國、美國、英國、澳洲、加拿大、歐盟

諸國、俄羅斯、以色列、中國、日本、印度及東協諸國等，共二十多國的團隊並肩合作，及非政府組織的公益團體。在受困第十八天後，全員獲救。

受困第九天，英籍洞穴救援人員尋獲少年足球隊和教練，全員倖存。救援行動方案分三階段：

第一階段：海軍潛水和搜救專家攜帶食物和救生包進入，陪伴受困師生，並對該地點進行結構調查。

第二階段：醫師和其他專家進入，提供醫療協助。

第三階段：提供食物，給予少年潛水訓練，並持續抽水以防洞穴水位上漲。

受困第十四天，前泰國海軍精英海豹部隊成員薩瑪恩（Samarn Poonan）殉職，他在布置潛水逃生路線時，因氧氣不足溺斃洞內。受困第十六天，第一波救援行動耗時十一小時，四位少年脫困。本次行動計五十名外國潛水員、四十名泰國潛水員參與救援任務。

在洞穴中需要潛水的路段，救援採兩名潛水員採前後包夾的方式，在前的潛水員背對前方，跟少年保持目光接觸，並幫少年背氧氣瓶，另一名潛水員墊後。此外，為了安定少年情緒，潛水前讓他們服用鎮定劑。受困第十七天，第二波救援行動耗時九小時，四位少年脫困。受困第十八天，第三波救援行動僅耗時七小時，剩餘四位少年及教練平安脫困。

有三人因救援行動扮演關鍵地位，被媒體封為救援功臣：

英籍洞穴救援人員史丹頓（Richard Stanton）和沃蘭登（John Volanthen），兩人分別是56歲和47歲，他們聯同第三名英方專家哈珀（Robert Harper），代表「英國洞穴救援協會」來到清萊投入救援任務。他們在失蹤人員受困第九天，找到當事人的受困位置，使

救援行動獲得突破性的躍進。

澳洲麻醉科醫生哈里斯（Richard Harris），53歲。哈里斯具有豐富的洞穴潛水經驗（三十年資歷），收到英國潛水組織的求助後，立即拋下假期，自願投入救援行動，潛水進入洞穴為受困人員進行診斷，並為救援策略中給予醫學建議，是受困人員得以全員獲救的關鍵。

前泰國海軍精英海豹部隊成員薩瑪恩，38歲。他是本次救援行動中唯一犧牲的救難人員。薩瑪恩的工作是將氧氣瓶布置在十三名師生可能出洞的路徑上，但他在回到洞口的途中，因氧氣不足，在距離洞口一‧五公里處昏迷。

睡美人洞穴全長十多公里，為泰國第四長的洞穴，是全世界最難導航的洞穴之一，因擁有崎嶇、狹窄的通道，至今仍無人走完全程。面對複雜的洞穴地形，英國潛水專家指出：「這個洞穴的構造不是太複雜，但是很長，通道大小不一，因為下雨而增加了救援難度。」

雖然受困師生的受困地點距離洞穴入口僅四公里，但有些區域深達十多公尺，專業潛水員單趟都必須花上六小時，何況不諳水性、才剛開始學習潛水的泰國師生。再者，師生已在洞中受困數日，有體力不佳的狀況或心理承擔力有限，對長時間潛水來說都是個挑戰。

受困期間，教練安撫少年們情緒，教導少年們正確的求生知識（例如打坐躺臥減少能量消耗、禁飲髒水、採集洞內滲透的清水），還將自己的食物分給學生，才讓全員得以存活至救援大隊前來。

自 我 激 勵

　　沒有人希望遭遇突發的、大型的危機，但卻不可不參考別人的經驗以備萬一。對於自己面臨的小危機則不可再逃避，沒有理由或藉口再說「無法處理」。

領導與被領導是彼此需要，彼此成就

Chapter 9

時間管理的技巧

好領袖怎麼想

★管理學大師彼得‧杜拉克

時間是個人最匱乏的資源，不能管理時間的人，不能管理任何事情。

★見賢思齊

時間不僅不能儲存，而且隨著年齡的增長，時間只會愈來愈少。而且年長後因為體力、腦力、活力、熱情的衰退，也使時間運用的效率及效能下降。然而，也有年輕人「未老先衰」，因為缺乏目標與動能，於是生活步調愈來愈緩慢、生活圈子愈來愈狹窄，想做及可做的事跟著愈來愈少。

反之，不少年長者成功地「說服」了自己與他人，以比實際年齡年輕十歲的姿態充分爆發生命力。因為他們知道時間有限，所以更加珍惜與善用時間。

 第一節　領袖如何「日理萬機」？

「時間管理」並不容易，因為它並非一套流程或技巧，而是對自己深層或潛意識的反思。若我們相信自己、看重自己，就願意為了自我實現而做更多事；反之，則因為沒有期待而自我縱容，沒有什麼非做不可的事。富蘭克林有不少時間管理的名言，例如：

成功與失敗的分水嶺，可以用這五個字來表達──我沒
有時間。

時間就是生命。

時間就是金錢。

時間是一味能治百病的良藥。

忽視當前一剎那的人，等於虛擲了他所有的一切。

每天都必須感激「時間管理」的功效，消極的是為了不浪費時
間，積極的是將時間發揮到最大的效益。如富蘭克林所說：

你熱愛生命嗎？那麼別浪費時間，因為時間是組成生命
的材料。

切勿坐耗時光，須知每刻都有無窮的利息；日計不足，
歲計有餘。

如果說時間是最寶貴的東西，那麼浪費時間就是最大的
揮霍。

時間不可空過，惟用之於有益的工作；一切無益的行
動，應該完全制止。

不浪費時間，每時每刻做些有用的事，戒掉一切不必要
的行動。

能夠覺得自己「有許多時間」、「能做許多事」，以及「做想
做的事」，真的非常幸福！學會「時間管理」的技巧，上述就都不
是夢想，而是日常生活的節奏。因此富蘭克林提醒我們：

今天乃是我們唯一可以生存時間。我們不要庸人自
擾──或為未來的漫無目的而苦悶，或為昨天的過去而
傷懷──而使它成了我們身體上和精神上的地獄。

今日能做的事，勿延至明日。

早眠早起，使人健康、富有、明智。

一個今天抵得上兩個昨天。

一、領袖運用時間的考量

身為領袖，事情一定比從前更多；若不懂得分配與善用時間，就覺得壓力很大、身心俱疲。不僅影響自己的工作士氣、身心健康，團隊效率與進度也會被拖累。總不能讓大家隨你的心情起舞，因你一個人的停頓而全體「塞車」（動不了）吧？所以，領袖在工作之前要先想想：

1.這件事是我擅長的嗎？交給誰做，更能「事半功倍」？

2.這件事只有我一個人做嗎？可否多找幾個人一起做？

3.這件事對我來說重要嗎？它的效益是什麼？

4.自己做的事會否太多？哪些事應該割捨或找其他人來負責？

即使當了領袖，仍應先把自己的事情顧好，所謂「己立立人，己達達人」（《論語‧雍也》：「夫仁者，己欲立而立人，己欲達而達人。」）領袖關心如何讓自己能夠自立，也關心如何使別人能夠自立；自己能夠通達，也要使別人能夠通達。這就是偉大領袖與凡人的區別，也是邁向偉大領袖的困難功課。

但悲哀的是，有些領袖還沒有足夠的自立能力，卻一直想要幫助別人；或因為受到挫折而貶抑自己，使自立能力下降。最糟的是，許多領袖為了團體的事，只好從自己的課業、睡眠、運動、家人、閱讀、休閒、人際關係等擠出時間，然後覺得自己很可憐。其實，上述事情都非常重要，絕不可以「犧牲小我，成全大我」。當

自己狀況欠佳，反而耽誤大我。此時最重要的還是恢復自信心及幸福感，唯有你自己真正的快樂，才能引導大家走向正確的道路。

沒堅持住對自己重要的事，反而幫別人做他自己能做的事，非常不明智。尤其**「事必躬親」這個壞習慣，讓領袖分身乏術，下屬卻樂得輕鬆。**反正不管怎麼做，你也不會滿意與信任下屬，甚至還會重做，他們就不需用心做事了。這樣的狀況，對下屬及組織都造成負面影響。

學習**「時間管理」，可以讓你「日理萬機」，從容應付自己的生活及團隊的工作。**一定要有時間分配的原則，例如每週時間分為三大區塊，分別著重在課業、社團及打工三方面，不要互相混淆或侵犯。

關於時間管理還得逆向思考「是否某些事情所用的時間太少，沒有達到應有的效益？」以個人來說，例如：睡眠、休閒、運動、人際溝通、計畫、檢討、討論等。以工作來說，例如：與下屬溝通、團隊共同擬定工作計畫、工作檢討會等。如彼得・杜拉克（齊若蘭譯，2010：77-78）在《杜拉克談高效能的5個習慣》一書的習慣1「瞭解你的時間」當中說：

> 與人相關的工作原本就是管理工作的核心。……如果你只花幾分鐘在別人身上，簡直毫無生產力可言。……如果經理人以為他可以花十五分鐘和部屬討論計畫、方向和績效問題，那麼他就是在自欺欺人。如果經理人希望能透過溝通來發揮一些影響力，那麼他可能至少需要花一小時的時間，而且通常一小時還不夠。

二、時間計畫

一定要運用「時間計畫」，以免一、兩小時只做一、兩件事。時間計畫不只是「技術性」問題，更與「意志力」及「生命力」有關。時間管理是將「人生任務」與「生命長度」結合，避免遠離「生命核心」。

時間管理的基本功從「時間單位」的分配開始，「時間單位」是指做某件事「一次」所用的時間。初學者建議以二十至三十分鐘為一個時間單位，可藉「計時器」（「倒數計時」）提醒，二十分鐘內專注做某件事。當然，若你的專注力及持續力很強，習慣以半小時至一小時做一件事；只要你覺得效率及效果均佳，也無需改變。

時間管理的技術層面，即「時間單位」的安排。若一件事需要兩小時完成，就要分散三至五次來做。這個改變很大，有些人覺得難以理解與執行，但初學者要忍一忍，還是按這個計畫去做，以免一件事做的時間太長，覺得非常疲憊，以致沒有動力再做下一件事。

時間計畫的安排，要先辨別事情的「輕重緩急」，找出對自己「重要的事」且排在優先的位置。這個判斷，對時間管理初學者來說很傷腦筋，但值得好好練習。先淘汰不重要的事，再將重要的事分成A、B兩等級。A等級並非指時限快到的緊急事務，而是目前最重要的、需要分配較多時間的事情。其他必須處理的事為B等級，有些需要較長時間，有些則可較快完成。

時間計畫是指規劃半天的兩三小時，該做什麼？什麼先做、什麼後做？每件事做多久？這些決定並不簡單，因為空想及立志容易，但訂計畫是為了執行，所以要花些時間及體力想清楚，並

且寫下來。以我來說，若上午有兩小時可以安排，時間計畫如下：

9:30　　「領導與溝通」新書撰寫（A等級）

9:50　　備課（B等級）

10:10　　「領導與溝通」新書撰寫（A等級）

10:30　　閱讀（B等級）

10:50　　「領導與溝通」新書撰寫（A等級）

11:10　　批改台科作業（B等級）

11:30　　準備出門上課

　　二十分鐘換一件工作似乎有些匆促，這時可以依靠計時器來幫忙專心工作。但人畢竟不是機器，難以完全按規律行事，感到疲倦時當然可以休息，不必那麼緊繃。**不論感到疲倦或時間計畫被打斷，都可重新做時間計畫。**

　　為什麼要一小時安排兩、三件事呢？因為一件事若需兩、三個鐘頭才能完成，一鼓作氣容易疲倦，中間被干擾後會沒有心情繼續做下去。於是更助長你覺得「沒有足夠時間就不能做事」的消極態度，常說「時間永遠不夠用」，而不能珍惜「零碎時間」（較短而不連貫的時間）。一小時安排三件事情的好處是：

1. 一次只需做二十分鐘，即使是討厭或困難的事，短時間也容易度過。

2. 一小時做三件事較有變化，不易疲倦。

3. 若多件事被要求在同一時程完成，「齊頭並進」可使每件事一起向前推進，減輕心理壓力，同時做還能增加成就感。

　　時間計畫每次只規劃半天，早上、下午、晚上分別規劃。事情不要排得太滿，以免因期望太高而失望更大。當然也不要排得太

鬆，以免失去生活應有的完整與緊湊性。**時間計畫不是「想像」或「理想」，而是「實用」與「實踐」。**

時間計畫若遇到突發事件或干擾，怎麼辦？沒關係！干擾過後再重新規劃，不必抗拒與懊惱。每天要設法保留一段專心、不受侵占的時間，可請別人配合或不接電話或訊息（手機要藏起來）。也可尋找專心工作的空間，讓短時間的工作效能更加提升。

 ## 第二節　領袖的時間管理精髓

領袖要做許多關於眾人的事，所以時間不能完全由自己支配。對於年輕人來說，可能難以割捨與自我節制。割捨是指大方奉獻自己的時間，節制是指不能隨心所欲地過日子，要減少個人的生活享受（睡眠、吃飯、玩樂）。年輕時很難說服自己犧牲享受（讓別人享受犧牲），心理上容易不平衡。但對於領袖，下列時間管理的「精髓」就需好好「練功」。

一、專注，在精不在多

領袖的時間永遠不夠用，所以必須專注。這部分的練習愈早開始愈好，做事時要心無旁騖，不要一心多用。不少自作聰明的大學生，一邊上課一邊處理別的事情，以為占到了便宜，其實卻是吃大虧，因為遺漏許多學習的鑽石（真正重要的訊息）。時間要分配給真正重要的事，所以要懂得「割捨」。

運用「計時器」倒數計時的功能，時間到了就有鈴聲提醒，可讓人不論時間多短都可專注、有效率的工作。總之，時間管理者不

匆忙、不慌張、臨危不亂，隨時能清空自己的信箱及Line訊息，所以沒有壓力。

要有好的工作效率，就得有好的工作環境。不需要絕對的安靜，只要儘量排除干擾。若無獨立的空間，則可以櫥櫃、屏風、布簾等隔開。**環境要整潔並稍加美化，可避免分心、煩躁，增加愉快的心情。**

二、巧用工具

善用能分類儲存之檔案夾、資料夾或小本子、筆記簿等，記錄個人的短中長程「生涯目標」，或每日、每週、每月、每季、每學期的「工作清單」。把握重點，不漏接；做重要的事，不糊塗。列清單的好處很多（鄭煥昇譯，2015：39-45），如：

1.減輕焦慮：避免忘記。

2.提升腦力：增強記憶力。

3.變得專心：不怕被打斷。

4.強化自尊心：對生活更能掌控。

5.釐清思緒：一步一步的構思。

6.豫則立：做好準備。

工作日誌或進度表可使頭腦清楚，不漏掉也不堆積重要的事情。列清單也是一種心理療癒（鄭煥昇譯，2015：55-56）：「寫清單是一種『療癒系』的活動，可以有讓人平靜下來的作用。把心事『卸貨』放到紙上，可以讓你注視著它，不用費力去記它，這樣你的焦慮就會降低。」清單的擴大版即是工作紀錄、計畫或備忘錄、長程目標，都有助於完成工作、達成夢想。

三、早起

一日之際在於晨，如果能掌握「早晨」高品質的時間——最安靜、不受干擾、精神好、頭腦清晰……，用來運動、閱讀、早餐、學習語文等，效率及效果應該都很好。**只要早起一小時，每天能多利用一小時，你的人生就會扭轉。**

「晨型人」（五點就起床）是時間管理的新概念，由日本「早起心身醫學研究所」所長稅所弘所提倡。他認為**一個人的未來決戰於早晨，利用上班上學前兩三個鐘頭，可為自己的人生開拓更多的可能性。**若「早起」成了習慣，上課、上班或出差都不會匆忙、不怕遲到，也使生活更充實、充滿希望。雖然你做不到那麼早起床，但也要設法每天固定時間起床，至少比上課或上班時間提早一小時，這樣你每天就有穩定的時間可以利用。

早起當然也要早睡，以睡眠至少七小時計算，晚上最遲在十二點以前睡覺。週末也不要睡太多、起太晚，以免破壞生理時鐘。

四、撐住，不要補眠

大部分人睡不夠或睡不好時，會找時間「補眠」，但這個做法並不好，會造成更常想睡覺。補眠雖然舒服，卻會導致當晚又睡不好，形成惡性循環。一旦養成補眠或睡午覺太長的壞習慣，每天就減少了一兩小時。若因此生活作息紊亂，每天可運用的時間就更少。

早睡早起、不補眠甚至不午睡，晚上早點睡、睡足七小時，精神會愈來愈好。剛開始要撐住不補眠實在很難，但為了長遠的人生，卻很值得，還是「先苦後樂」較好。

有了充沛的體力與清醒的腦力，做事就能「事半功倍」。領袖
須加強睡眠、休閒、運動等生活品質，身心狀態才會愈來愈好。為
求進步，領袖還要有強大的求知慾，大量閱讀及不斷進修，這些也
都需要時間、體力與腦力。

五、守時，不要遲到

李嘉誠說：「開會或赴約要守時，遲到等於告訴別人：『這
對我不重要』，如果因不可抗拒、無法預知的因素而遲到，應先打
電話給對方，坦承說明延遲的原因，以及何時可以趕到。你的禮數
周到會讓人對你產生敬意，而不至於怪你姍姍來遲。」（王祥瑞，
2009：87）

許多人還不能改掉遲到的壞習慣，不能體會遲到的危害。領袖
需培養「提前到」的好習慣，因為可以更從容、以身做則、預留緩
衝與應變時間等。

時間管理原則不是「今日事今日畢」，而是「明日事今日
畢」，也就是將工作提前一天完成（提前兩三天更好），避免形成
逃避與拖延心理，也會累積壓力。

 ## 第三節　提升團隊效能的方法

一個人工作的時間管理，與一群人一起工作不同，團體共同工
作時，要注意哪些？

一、要排除溝通障礙

團隊工作時，要避免溝通不良而浪費時間（做錯、做了白做、該做沒做）。要將「溝通清楚」需要花費的時間，納入工作計畫及進度中。

「人際不合」也會浪費時間，不僅影響團隊合作，還要多花時間、心力來化解歧異。一旦打擊到工作士氣、破壞了團體氣氛時，工作效率也隨之變差，結果要花更多時間才能完成工作。

團隊工作的進度安排，應「提前開始」與「提前完成」。要預留時間，才不致因個別成員的耽誤而造成集體的延宕。

有時領袖要能巧妙應付某些成員的無理要求，以免造成工作壓力或憂鬱情緒而提不起勁，甚至罹患心理疾病。

二、減少開會次數、電話時間，增加工作效率

開會應限制發言時間、減少參加人員、簡化開會流程，並準時開始與結束，尤其要減少開會次數與開會時間。

同性質的工作儘量「集中」一起做，一次把它做完，例如：打電話、開會、接見或拜訪客戶。

每次的電話、開會、面談等，都要「預定」結束的時間，以免降低效率。

使用電子信函或社群網站聯繫時也要注重效率，例如：固定時間收發電子信函或網站訊息（減少收發訊息所花的時間）、言簡意賅等。

三、授權、請教、分工

　　最浪費時間的是領袖不信任或不滿意下屬的工作表現，事必躬親或直接幫下屬做他的事情，甚至將下屬做完的事重做一遍。使下屬索性把工作統統丟給你，圖個輕鬆或不願再與你共事。

　　合作是工作順利的關鍵，組成工作前先想好哪些人參加最為適合。要多培養溝通的默契，工作才會省時、省力。若有明確分工，部分授權、部分有人帶領，則不僅事情有人做，而且可以做得更好。

四、協助下屬改進時間管理

　　有時可由下屬自訂工作目標及完成時間，再定期檢核進度，分階段檢查及修正工作成果。領袖可要求更高的工作成效及品質，更多的業務討論，鼓勵大家多做溝通，期望下屬有更主動的表現。

　　但下屬的時間管理問題頗多，有些人做事速度很快，但成效不佳、常常出錯。有些人不太與人溝通，交接工作時不說清楚。有些人不愛變動及創新，交付工作時有抗拒，只看困難而看不到機會，態度不積極。其他的時間管理問題很多，領袖要及早提醒與調整，不能繼續「縱容」。例如：

1.喜歡或經常加班，以致第二天無法準時到班或精神不佳。
2.有規劃能力，但事情總拖到火燒眉毛才趕工，無法在預定時間內完成。
3.記性不好、容易出錯。
4.無法充分理解上司或別人所交代或溝通的事情。

5.不主動報告業務進度，遇到困難也不反應，等到出錯了才道歉。

6.與人相處明顯疏離，很少看到團隊合作的情況。

7.分不清事情的輕重緩急或先後順序，不會做「工作流程圖」（或檢核表）。

8.有衝勁（或衝太快），但沒有工作技巧與長遠計畫（不能瞻前顧後）。

9.問太多問題或細節，自己不思考。

以「有衝勁，但沒有長遠計畫」的員工來說，由主管先訂定短、中、長程目標，然後一個目標接著一個目標交給他執行。並教導他做事的技巧，等他技巧純熟後，就不會那麼浮躁了。

以「問太多細節，自己不思考」的員工來說，要給他「工作手冊」——常見問題Q&A參考，另外還要讓他知道在哪個範圍內可以自行決定。

五、激勵下屬再成長

要提升整體績效，必須要求下屬成長，包括：共同追求團體的卓越或願景，舉辦讀書會或要求下屬進修（機構固定時間舉辦進修活動，或補助下屬到外參加研習課程），若下屬取得某種資格或證書，則予以加薪或升遷等獎勵。對於較被動的下屬，則將進修納入績效考核，迫使其參加。

我 的 生 活 實 驗

小實驗：檢討一下今天的時間安排狀況，有何優點？有何需要改
進？再進一步檢討這一週的時間安排狀況。

大實驗：訪問幾位你周遭的優秀領袖，他們有否時間管理的習慣？
他們的時間安排方式對你有何啟發？

校園特派記者

友倫　台灣科技大學企管系／台科大學生會會長

「領導與時間管理的關係」

作為一個領導者，「時間管理」千萬不可或缺！

以我自己的慘痛經驗來說，大一時我擔任班代，以一個大學新
鮮人來說，大家願意託付「重任」給我，讓我非常喜悅。

班代的工作有買書、規劃班會及兩次的導生聚（大學生與導師
的聚餐），以導生聚來說，當時接近期中考，我把所有心思都放在
念書上，空閒的時間用來玩手遊、聽音樂。每天起床時便看到桌上
便利貼寫著「安排期中導生聚」，我總想「哎呀！時間還早嘛～晚
上再來想吧……」，到了晚上又想「這好麻煩喔，我先睡一下好了
～」

日復一日，我持續地拖延這件事，到期中考快結束了，我才開
始安排，隨之而來的是許多行政流程的不順利。送請款單時，系上

處理行政的老師說：「活動申請經費需要在活動前十天提出來，同學你這樣我可能無法幫你申請……」。在詢問班導師可聚會的日期時，「啊？怎麼現在才說？老師下週時間已經安排去美國開會了，下次的導生聚，記得要在期中考前一個禮拜跟老師確認……」。

當我跟同學說導生聚辦不成，「所以我們沒有導生聚喔？」「期末會辦得成嗎？」那時的我真的好恨自己，心中想著「如果早點安排的話」、「如果那時候不要玩遊戲」、「如果我……」，這次慘痛的教訓，差點害我喪失班代的職位。所幸期末的導生聚辦得不錯，把先前大家對我的質疑都排除掉了。不然之後大家對我的做事能力，恐怕抱著更多疑問吧……

與高手過招

領袖要帶領大家達成長期目標及如期完工，所以要有詳細的工作計畫或行動藍圖，這就是「時間管理」的技巧。

民國76年我讀博士班時，因為先生是職業軍人，只能每週往返台北─高雄一次。婆婆從台南來台北與我同住，幫忙家務及照顧孫兒。當時我要讀書、兼職、照顧幼子、家務，實在分身乏術！婆婆建議我「休學」，但我不想放棄自己的夢想，經過「協商」，家人希望我能夠「晚上不讀書」──好好照顧孩子，並在「四年內」拿到博士學位。

於是我向指導教授賈馥茗恩師求救，恩師說：「我沒有指導過晚上不讀書，可以拿到博士學位的學生。」當她知道我的家庭壓力

後，指導我兩招時間管理的技巧，使我不到三年時間就完成學業。

　　首先要擬定博士論文撰寫的「工作藍圖」，也就是排出各章節預定完成的時間與進度，並隨時檢視及調整，切實掌握論文寫作的效率。

　　第二，設法使每天可用的時間多出一小時。例如以一天八節課、每節課五十分鐘，每次休息十分鐘來計算，若改為每節課四十五分鐘、休息八分鐘，一天就可多出一節課四十五分鐘。若四十五分鐘可以寫二百字論文，每週即可多寫一千字，每月多出五千字，每年則為六萬字。

自 我 激 勵

　　時間管理的技巧是學無止境的，時間管理的價值也一樣。不要小看只是做時間計畫、按個計時器，就有那麼大的效果。其實這就已踏上了一定會完成工作、實現夢想的路途，而且還能不斷修正方法。務必要聰明工作、快樂生活，還等什麼呢？及早開始時間管理吧！

不論成功與失敗,都由大家一起承擔

Part

3

女性領導

Chapter 10

女性領袖的身心平衡與內外一致

第一節　不受性別限制的女性發展
第二節　玻璃天花板效應

好領袖怎麼想

★飾演哈利波特電影系列妙麗一角的艾瑪‧華森（Emma Charlotte Duerre Watson）

永遠不讓恐懼阻止我去做真心喜歡的事。

職業不分性別，成為你想成為的人。

年輕女孩是戰士，而非脆弱的公主。

★見賢思齊

2014年，由常春藤名校布朗大學畢業的艾瑪‧華森，被任命為聯合國婦女權能署親善大使，並於聯合國總部發表演說，為聯合國女性運動「他為她」拉開帷幕，她也號召男性主動倡導社會性別平等。

不論「男女平等」或「女權主義」，當你問男性或女性對此議題的觀點時，反應可能大不相同。女性對「男尊女卑」的不平等現象有深刻感受，男性則不覺得男女有何不平等，甚至有些煩躁的說：「還不夠平等嗎？」、「到底要怎樣才算平等呢？」或戲謔的說：「我家是女權至上，我才是被壓迫的那一方。」

從男性的表現可印證，他們並不能體會女性的感受，他們想不通女性在爭什麼？女性為什麼不好好扮演賢妻良母的角色，非要到社會上與男性競爭？有些男性甚至羨慕女性可待在家裡照顧小孩，不必承受那麼大的職場業績與升遷壓力，「做女人有什麼不好？」

權力及地位不公平的體會，恐怕只能等男性下輩子成為女性之後，再來親身體驗了（希望那時已經實質平等了）。而今只能先為女性爭取應有的待遇，突破傳統「性別刻板印象」的束縛，讓女人能為實現自己的夢想而堅持到底。

第一節　不受性別限制的女性發展

　　聯合國於1979年通過「消除對婦女一切形式歧視公約」（以下簡稱CEDAW）此為重要的婦女人權法典，至2012年，全世界已有187個國家簽署。我國於民國96年簽署加入書，各級政府機關必須採取立法或行政措施，消除性別歧視，並積極促進性別平等，特別是在政治、社會、經濟、就業、文化、教育、健康、法律、家庭、人身安全等領域，採取一切適當措施，包括制定法律，**保證婦女得到充分發展和進步，以確保婦女在與男子平等的基礎上，行使和享有人權和基本自由**。

一、性別歧視與性別刻板印象

　　我很幸運沒有受到太多「性別歧視」或「性別刻板印象」的影響，因為成長於單親家庭，爸爸「父兼母職」的角色扮演得很好，讓我們享有充分的家庭溫暖。因家境貧寒，所以爸爸鼓勵我們把握機會創造未來。對於各個子女都有高期待，並無傳統「重男輕女」的觀念。

　　爸爸對我的期望比我的努力還高，讓我一路全速前進、「勇於」追夢（因為經常被人問：「你為什麼那麼勇敢？」）。我從小就決定報考師範大學，決定30歲要取得博士學位，40歲要辭去專職、確定終身志業（這部分最令人不解，因為要犧牲經濟保障——包含失去退休金）。50歲時我決定要成立扶助教育弱勢、促進教育機會均等的非營利組織。

　　進入婚姻生活之後，我還是遭到「性別刻板印象」的阻礙。24

歲時我結婚，長子在我25歲時誕生，雖未讓我改變原來讀研究所的路徑，但須將孩子送到台南給公婆照顧，一個月最多看到一兩天。我也曾矛盾掙扎，受到罪惡感的折磨。念博士班時，婆婆將孩子帶回台北，從此我們三代同堂。因為博士班課業較重，晚上我很難專心照顧孩子，於是和夫家發生一些軟性衝突。女性承擔生育的責任，因而被冠以「母職是天職」的社會角色。傳統認為，若不以養兒育女或賢妻良母為第一優先，就不算是「好女人」。這和我的人生目標相牴觸，我並不認為婚姻與事業相衝突。

直接犧牲或放棄夢想，最符合社會期待的女性角色扮演。傳統的家庭價值觀認為養兒育女是女性的最優先任務，女性被期待挑起更多家事負擔，想追求學術道路勢必非常辛苦。

但我不願意放棄博士學位，幸好論文指導教授賈恩師馥茗先生，以「理性」及「就事論事」的態度幫我解決問題。她協助我認清現實，若要完成學業，就只能善用白天孩子上幼稚園的時間，晚上則將時間留給孩子。這樣的二分法，讓我得以兼顧母職與個人夢想。感謝恩師的實質協助，幫我掌握論文進度。當論文未達水準時，她花費心思幫我修改，卻從未指責我。若沒有這樣的支持，我不可能獨力圓夢。

取得博士學位後，我開始擔任中層主管。家庭責任帶來的問題對女性更加嚴峻，**平衡家庭和工作，成為女性領袖生活的主要任務**。要不要加班、進修？要不要追求更高工作績效或目標？讓我時刻煩惱著如何應付家庭對我的性別角色期待。

職場發展上，領導特質也隱約與性別有關。傳統認為，領導者必須自信、任務導向、競爭、客觀、果斷和堅定，這些都被認為是陽剛特質，與男性高度相關。組織中男性對女性來領導是否支持，也是女性能否成為領導者的關鍵。以致女性領導感到必須改變自己

的行為，以免男性產生危機感。

如今愈來愈發現「女性領導者」和「男性領導者」之間有更多相似性，例如：智慧、動機、工作滿意度、責任和下屬滿意度等。領導力與性別沒什麼關係，因為男性或女性其實並沒有固定的特質。如今全球增加許多女性國家領導人，女性在商界的業績也穩步上升。但整體而言，女性企業家、女性總裁、女性學術領導者的比例仍然偏低。

二、傳統之性別刻板印象與影響

孟母三遷、岳母在岳飛背上刺了「精忠報國」、歐母畫荻教子，成為我國賢母的典型。每年五月全國各地表揚模範母親，所報導的母親都有一段心酸的故事。如早年喪偶獨立撫養子女功成名就、在家相夫教子協助夫婿度過事業難關、撫育身心障礙兒女等。犧牲自我成就孩子的女人，才是偉大母親嗎？事業有成的母親，難道不能作為孩子的典範？什麼時候女人才能以自己的身分活得自在，而不是扮演成功男人背後或孩子需要的角色？

「性別角色的刻板化印象」簡稱「性別刻板印象」（gender stereotype），也稱「性別偏見」。是人們對於男性或女性角色特徵的固有印象，或對性別角色的期望和看法。傳統認為男性強壯、勇敢、獨立、追求成就、富於競爭性等「陽剛」形象，女性則嬌弱、順從、依賴、溫柔、整潔等「陰柔」表現。**性別刻板印象會抑制一個人的潛能發展，造成心理壓力和束縛。對於人際之間的溝通和尊重，也有很大的負面影響。**

「性別社會化」最早來自家庭，父母將成人世界的性別規則傳遞給兒童，塑造不同性別的子女。社會價值體系對於性別的僵化觀

念，會影響婚姻品質、子女教養與工作表現。尤其對女性，在職場上會受到較大的限制與歧視；為了生兒育女，常須放棄就業與升遷的機會。

根據勞動部統計，2017年台灣女性平均時薪為271元，男性為315元，女性僅有男性的86%。勞動部指出近十年台灣兩性平均時薪差距，從2007年的18.2%下降到2017年的14%，女性需要增加工作天數，也從67天下降至52天，因此兩性薪資不平等的狀況「仍有進步」。

2017年主計處公布94類行業的經常性薪資，81類行業女性低於男性，而女性高於男性的行業只有13類。女性薪資較低的行業，差距最大的前五名是航空運輸業、醫療保健服務業、電腦電子產品及光學製品製造業、建築工程服務及技術檢測分析服務業、海洋水運業。

女性傾向遵循指令，所以客服產業的女性比例很高。另外客服產業具有彈性工作的特性，似乎比較適合需要照顧小孩的女性。服務性工作往往需要「情緒勞務」，女性多半被認為擅長於此。但只要女性認真探索自己的天賦，有意識地擺脫這些隱性的束縛，女性也可以展現更多元精采的面貌。

三、突破性別刻板印象

某些女性不認同性別刻板印象，所以選擇「不婚」。或婚姻中的「新女性」有了不同的想法與做法，使男人不得不面對新變局。例如：

1.家務與照顧子女方面的分工：女性外出工作，開始重新安排生活次序，家務及教養子女可以與丈夫討論如何分攤或輪

流。她們把工作帶回家做，甚至為了女性自主而情願離婚。

2.感覺與想法的表達：妻子與母親的角色對於現代女性仍然重
要，卻不是唯一的身分證明。她們解除了從前認為「女人應
該如何」的限制，充分表達自己的感覺與想法，充滿信心與
活力地做想做的事。

3.對親密關係的期許：現代女性想要的親密關係，屬於平等的
夥伴性質。夫妻能共同分享權力、財物，一起維繫家庭情
感。

四、女性兼顧家庭與事業的艱辛

不論政府的托育補助政策如何加強，僅就女性角色期待與角色
衝突而言，就能影響女性的生育意願。**女性教育程度提高、經濟獨
立，自我成就與社會價值觀念跟著改變，「走入家庭、生兒育女」
不再是婦女的優先選項。**

但如今照顧子女仍多半是婦女的責任，致使女性不婚、晚婚以
及生育意願下降。行政院主計總處於民國106年的調查報告：「15
歲以上有偶（含同居）女性平均每日無酬照顧時間為3.81小時，
其中以做家事花費時間最長，平均每日為2.19小時；其次為照顧子
女1.11小時；至於其丈夫（含同居人）之平均每日無酬照顧時間僅
1.13小時，其中雖亦以做家事與照顧子女花費時間較長，惟皆遠低
於有偶女性之花費時間。」

我國婦女總生育數自民國80年後陡降，其他因素暫不討論，如
果性別平等觀念不能落實，現代女性將愈來愈不願意生育。兩性在
婚後之事業、家務及照顧子女方面，若都能平等發展及參與，應能
改善我國低生育率的問題。性別平等不應只是女性議題，男性也要

積極面對及適應新變局,一起落實「性別平等」的新社會。

除了採行彈性上班制度、部分工時制、育嬰假、托嬰與顧老等措施,協助女性兼顧家庭與工作外;另一方面也應從整體教育著手,避免刻板化性別角色的分工觀念,推動性別平等的價值觀。

許多公司開始認真看待性別平等議題,企業態度漸有改善。但相對來說,我國性別平等的發展還在初期,女性準備要進入中階主管階層之際,同時面對是否要走入婚姻、建立家庭的抉擇。相較於男性同事,很多女性放棄升遷機會,因為社會對女性並沒有提供太多幫助。如果付給女性的薪資比較少,就像是告訴她:妳的價值不如男性。企業組織應該設立領導目標,讓兩性薪酬平等。

怎樣可以使男性願意增加處理家務與照顧孩子的時間?以日本的狀況來說,社會學者觀察發現:「父親或母親在收入與學歷上較高的那一方,能在家事和育兒分工上,採取較為強勢的溝通立場。多數情況下,父親收入較高的話,母親在家事和育兒分工上的負擔比較高。」(簡毓棻譯,2018:53)

當然,這還要看男性的性別角色態度,若「男主外,女主內」(男人工作至上)的意識較強,即使他賺錢較少,為了保有一家之主的地位及男性尊嚴,就不願意參與家事及育兒。

不少女性為了不破壞婚姻關係,只好選擇一邊工作一邊育兒,這種母親在美國被稱為「超級媽媽」(超過正常太多了),但在東方社會還是正常。因為男性會想方設法逃避家務與育兒,並一直自稱是好爸爸,因為他自覺已經比別的男人做得多,也不想讓妻子得寸進尺。

職業婦女「蠟燭兩頭燒」的結果,往往影響工作績效(卻往往不獲得體諒),需要加班或出差時充滿罪惡感,更遑論若有外派或升遷機會,恐怕也不敢放心的接手。反之,即使有了兒女,東方男

性就不會有此顧慮，仍舊以工作為主，使超級媽媽更加疲憊。當女性申請育嬰假照顧孩子時，更呈現「假性單親」現象，也就是家務及育兒更理所當然地推給女性。

職業婦女在家的時候，不能一邊和孩子相處一邊滑手機、做別的事。女性主管被問到「如何保持工作和生活平衡」，總給不出真實又能鼓勵人的答案。儘管很艱難，但女性不應該因此就停止追尋工作成長，不應放棄個人的生活目標。

男人認為成功是必要的，必須無退路的全力衝刺事業；女人則以為成功是一種選擇，在事業選擇的另一端是絕大多數女性都渴望擁有的家庭。傳統的要求也好，社會支援體系不健全也罷，家庭是許多女性必須承擔的沉重工作。很多女同事為了教導小孩、照顧公婆、料理家務，而不願意出差、加班，甚至拒絕升遷，總選擇較安定的工作。

男性拿到博士學位後，比較容易持續研究，成為實驗室乃至系所的領導者。女性則相對困難，尤其已婚又有子女的女性。在女性高級學術與行政人才方面，根據教育部統計，106學年大專校院女性校長17人，突破一成；女性一級行政主管及學術主管人數也比十年前多，教育部認為，這顯示兩性在教育職場上的差距，已經隨著女性認真投入有所改善。但改善的幅度不大，還有很大的進步空間。

第二節　玻璃天花板效應

玻璃天花板效應（glass ceiling effect）是指一種性別不平等現象，是無形的、態度的或組織的偏差，使女性因人為障礙而無法與

男性獲得公平競爭的機會。人為障礙包括：僱用的標準、作為升遷和專業發展機會的甄選標準。這種障礙使女性在組織中擔任管理階層職位的機會降低，被迫接受薪資較低的職位。**女性的職業選擇和職務晉升被一層玻璃擋著，將女性隔離在職業階梯的底層，從事支援性、輔助性的工作。**這可以看成女性扮演服務、照顧性的傳統家庭角色，在職場上的延伸現象。女性由於這樣的社會和心理因素，不自覺地阻礙了自我實現與工作的發展性。女性在職場上不為自己爭取，不認為自己是應得的人，不懂得如何使自己成功，也不會得到升遷。

雖然女性領導者的影響力逐漸增強，但大部分女性仍沒有足夠的空間和機會有更好的發揮。性別就像是一面透明天花板，成為女性向更高層發展的障礙。不少女性為了家計而進入職場，社會上仍存有獨尊男性的職場與教育機制，加上家庭系統的價值觀，所以職業分野上呈現嚴重性別階層化的區隔。

女性在職業和家庭之間常面臨選擇，要為自己爭取成功機會？還是因應家庭需要而放棄升遷？女性若想挑戰事業與家庭「雙得」（have it all），就得想盡辦法運用各種資源來維持「恐怖平衡」——來得及接送孩子並完成公司交辦任務，還不能惹丈夫不滿及夫家不悅。有人將小孩托給爺爺奶奶，每週甚至每月才能見小孩一次。婦女常覺得缺乏自我時間，而換取時間的方式通常是更壓榨自己以兼顧工作及家事，例如：尋求工作空檔、比家人早起晚睡。

傳統的性別觀念使得女性較希望丈夫事業成功，女性成為了自己的阻力——不敢比丈夫成功，願意讓丈夫無後顧之憂而犧牲自己的成就。瑞典同時兼有女性高就業率及歐洲最高的出生率，是因為爸爸願意請假照顧小孩。父職角色起於伴侶準備懷孕時，瑞典政府開始為男人提供免費「父親課程」，讓男人在心理和技能上都能真

正成為「育兒者」。

2018年5月，一位申請「育嬰留職停薪」的列車長，被以「貢獻不足」為由，壓低調薪幅度，甚至完全不調薪。於是高鐵工會至高鐵股東會均要求公司應一視同仁，給育嬰留停的員工完整調薪。公司高層說，員工是在「家庭與工作之間選擇家庭、放棄工作」，公司覺得員工去年對公司沒貢獻所以不加薪，卻沒看到員工過去對公司已奉獻那麼多。

女人最難抗拒的是小孩，常想要或真的提出離職請求，理由總是「孩子還小，需要媽媽」。雖然對於工作的全力投入，能獲得精彩的成績，過程也不以為苦。但女人一想到家庭與兒女，仍然承認自己對不起孩子。如果妻子和丈夫都有全職工作、有一個孩子，妻子的家務是丈夫兩倍，照顧孩子的時間是丈夫三倍。當需要有人照顧家裡的時候，誰更容易放棄工作？如何能將養育工作交給先生，變成以「家庭主夫」為主的家庭？

許多聰明、努力、認真追求事業的女性，在職場五至十年之後，開始面對一連串的抉擇：該不該結婚？該不該生小孩？如果要生小孩，該如何平衡家庭與事業？許多女性選擇生小孩、放棄事業，或「暫停」事業直到小孩進入學校之後。

有些幸運的女性能繼續在職場衝刺，是因為配偶支持她的選擇，且欣賞她在專業上的成就。但女性只能等待幸運嗎？只能期盼丈夫的支持與欣賞嗎？於是不少女性決定放棄生小孩、直攻事業。

期望在工作上有發展的新女性，認為所謂「好命」並不是當少奶奶，而是得到自我實現的機會。尤其希望配偶不僅給予精神鼓勵，也願意多留在家裡照顧小孩，這是平衡工作與家庭中較少見但要努力的安排。女人的能力得到了肯定、心理得到了支持，開始大幅伸展，一步步貼近過去沒有接觸過的極限。女人愈往上走，愈體

會到工作、事業不是可進可退的選擇，要負責到底。

男女都可自我實現

2015年，第87屆奧斯卡金像獎最佳女主角獎得主茱莉安・摩爾（Julianne Moore，1960年生），她結過三次婚，2003年8月嫁給導演巴特・弗魯特里克，育有兩名兒女。茱莉安・摩爾說：「我很幸運能找到志同道合的心靈伴侶，我們相互尊重與信任；我很感謝我的孩子們，體諒無論我當演員的工作再怎麼變來變去，現實中我是深愛他們的母親，永遠不變。」

高中時她看到梅莉史翠普登上《時代》雜誌的封面，就立志效法她兼顧家庭和事業的努力。茱莉安的媽媽也鼓勵女兒追求夢想，不要自我設限。儘管嫁給當導演的丈夫，摩爾依然保持一貫的工作自主性。

根據調查統計，女性領導者在職場中比例較低，是因為女性常低估自己的能力。甚至認為「女性天生缺少領導力」、「女性當不好領導」。如果女性的領導力與其性別角色不一致，例如女性要溫情、有親和力和無私奉獻，又要有領導者所必備的決斷和個性，就容易受到批評和抵制。

女性領導者必須依靠實力、影響力和帶領團隊的能力，職場女性不應該只被一種特定的性格或角色所定義，而是具有個別特色及多元的特質。所以追求進步及擔任領袖的職業女性，要堅定的態度是：

1.積極參與職場。
2.讓伴侶分擔家務。

3.決定生小孩後也不考慮離開職場。

4.夢想之前,性別平等。

　　就法制面而言,先進國家勞工法令發展的趨勢是女性保護範圍逐漸縮小,強調男女工作平等的觀念。我國先前《勞基法》(民國87年訂定)第32條規定,「……延長之工作時間,男工一日不得超過三小時,一個月工作總時數不得超過四十六小時;女工一日不得超過二小時,一個月工作總時數不得超過二十四小時……」等,保護女性之法令,反而是限制女性的工作機會。後來修法(民國107年)為:「雇主有使勞工在正常工作時間以外工作之必要者,雇主經工會同意,如事業單位無工會者,經勞資會議同意後,得將工作時間延長之。……延長之工作時間,一個月不得超過四十六小時……」男女加班時數的規定相同,已無性別區別。

　　現行《勞基法》第49條規定,女工不得於午後十時至翌晨六時之時內工作。但若能提供必要之安全衛生設施,已無大眾運輸工具可資運用時提供交通工具或安排女工宿舍,則女工仍可於午後十時至翌晨六時之時內工作。

我 的 生 活 實 驗

小實驗:請想想自己有否性別偏見或性別刻板印象?它對你的影響是什麼?

大實驗:訪問幾位女性領導者,問問她們是否覺得性別平等?有何心酸?這對你有哪些啟發?

校園特派記者

芷涵　國立台灣師範大學健康促進與衛生教育學系

「領導與時間管理的關係」

　　我覺得一個好的領導者，首先要知道「現在及未來需要做的事情有哪些」，之後根據輕重緩急及花費的時間做規劃，才不會讓人覺得一直在處理緊急的事情。這與性別無關，在工作上男女領袖都是如此。

　　舉例來說，當我們辦活動時，需要招募志工、宣傳、填保險資料、租借場地等等，有很多行政事務要處理。但處理這些事情之前，有一件非常重要的事要先完成，就是「規劃活動內容」。如果活動內容未確定，要招多少志工？怎麼安排職務？如何處理場地的事宜？這些「後續事項」都會受到影響，甚至無法著手進行。

　　身為一個領導者，一定要把「該做的事」先想好。哪些事情可以平行進行（同時）？哪些事情則是垂直進行（先完成A再來做B）？這樣才可以讓事情有條不紊的執行，不會被待辦事項追著跑。

　　如果一個領導者做事都是火燒屁股才開始，不僅讓大家都很累，而且因為總在處理緊急事務，會讓團體成員覺得無所適從。這些時間管理原則或追求績效的態度，對於男女領袖也都一樣，無性別差異。

與高手過招

　　台灣傑出女科學家獎得主吳妍華（1948年出生），專研生物化學、微生物學、細胞及分子生物學、分子病毒學，曾任陽明大學校長、交通大學校長（交大首位女校長），也是中央研究院院士、教育部國家講座、第三世界科學院院士。在教學和研究兩方面的成果豐碩卓越，集學術和行政專才於一身。

　　吳妍華表示，要當到女教授，需要家人當後盾支持。「女性被賦予家庭責任，無法把工作放在第一順位。」但吳妍華提醒女性勿因此自我放棄。

　　吳妍華非常重視做事效率與規劃，每天早上八點半不到就進實驗室，一直忙到晚上，回到宿舍打理、炊飯，照顧兒子就寢，九點以後再回實驗室忙到半夜，沒有一天間斷，二十幾年如一日。

　　她的丈夫是清華化工系教授李育德，他笑說，剛認識吳妍華時，從沒想過她能有今天這樣的成就，她只是做事非常認真，從不取巧。夫妻倆一個在清大、一個在陽明，長達三十餘年的遠距生活。李育德每週三回台北，一家三口團聚，吳妍華則在週末下班後帶著孩子搭客運到新竹清大。她親自下廚，燒得一手家常好菜。吳妍華說，要能在家庭跟事業間取得平衡，就是一開始結婚時，就要選對另一半。

團結的力量無限大,一定要跟著團隊走

Chapter

11

女性領導的楷模、特色與磨練

第一節　女性領袖的楷模
第二節　女性領導的特色
第三節　女性領導力的磨練

第一次碰到主動關心而不是
先責罵我的主管......

我發現妳最近工作
好像有困擾,一起
找解決方法吧!

好領袖怎麼想

★居里夫人

我以為人們在每一個時期都可以過有趣而且有用的生活。我們應該不虛度一生，應該能夠說：「我已經做了我能做的事」。

弱者等待時機，強者創造時機。

我絲毫不為自己的生活簡陋而難過，使我感到難過的是一天太短了，而且流逝得如此之快。

★見賢思齊

有理想及抱負的女性，不管時代因素或前面有多大阻礙，都會為自己想過的生活及想達到的目標而奮鬥不懈。

比較而言，現代女性擁有的機會比一百五十年前居里夫人的時代多得多，實在沒有藉口停滯不前甚至直接放棄。所以先不要管別人怎麼想，即使遭遇真實的性別歧視，重要的仍在自己的目標是否清晰、意志是否堅定。唯有妳自己承認女人是弱者或自願認輸，否則別人永遠沒辦法打倒女性。

一百多年前，居里夫人已能突破性別限制，創造許多奇蹟。她擁有高學歷、高度專業能力，以及孜孜不倦、腳踏實地的研究態度與成果，而且不計名利，將所學貢獻於全世界。

她不只是女性楷模，也是值得男性尊敬的偉人。

第一節　女性領袖的楷模

我國於民國91年發布「性別工作平等法」（民105年修正），要求雇主對求職者或受僱者之招募、甄試、進用、分發、配置、考績或陞遷等（第7條），為受僱者舉辦或提供教育、訓練或其他類似活動（第8條），對受僱者薪資之給付（第10條）各方面，均不得因性別而有差別待遇；其工作或價值相同者，應給付同等薪資。

民國93年發布「性別平等教育法」（民102年修正），要求「學校不得因學生之性別、性別特質、性別認同或性傾向而給予教學、活動、評量、獎懲、福利及服務上之差別待遇。」（第14條）希望因此促進性別地位之實質平等，消除性別歧視，維護人格尊嚴，厚植並建立性別平等之教育資源與環境。

透過教育及職場上的努力，更多女性得以獲得機會、培養實力，成為各領域傑出的領導者。

一、女性科學家

教育部104年大專院校統計資料顯示，女性就讀科技類科系的人數僅占34.1%，人文類則高達66.5%，可見「男理工、女人文」的現象確實存在。科技部的資料也發現，申請科技部專題計畫男女性別比是76比24，不過，專題計畫通過比率男性49.15%、女性47.52%，顯示台灣男性和女性研究人員的研究能力相當接近。聯合國於2015年通過決議，訂定每年2月11日為「國際女性科學日」，希望各國政府制訂科學教育政策，鼓勵女性多參與科學相關工作，並承認女性的科學成就。

　　瑪麗亞‧居里可謂女性科學家的前導，她於1903年獲得諾貝爾物理學獎，1911年再獲諾貝爾化學獎，是有史以來第一個兩度獲得諾貝爾科學獎的人。1867年，瑪麗亞出生於波蘭華沙，父親是中學數學及物理老師，母親也是教師，還是位出色的音樂家。九歲那年母親病故，華沙歸俄國統治，家裡生活窮苦，女子根本沒機會進大學。

　　瑪麗亞找到一份家庭教師的工作，省吃儉用、積蓄學費，24歲時終於可以去巴黎深造。她所有的空餘時間都待在圖書館，1893年取得物理學碩士學位，1894年又獲數學碩士學位。後來嫁給三十五歲的物理學家——皮埃爾‧居里，居里先生是位理化教授。

　　1895年秋季，居里夫人生下長女愛琳，雖然有了女兒，但沒有打消她對理化研究的興趣。她的目標是物理博士論文，她選定的主題是當時最熱門、剛發現 X 光射線中鮮為人知的鐳。居里先生幫助太太說服了校長，在學校的一個小貯藏室成立了居里夫婦研究鐳射線實驗室。1900年，瑪麗亞成為首位任教於巴黎高等師範學校的女性。

　　1902年，居里夫婦終於提煉出1克的鐳，使歐洲科學界掀起從未有的射線熱潮，也為居里夫人順利取得物理學博士的榮銜。1903年，諾貝爾物理學獎頒贈給居里夫婦及貝蒙三人。獲得學位的當月，居里夫婦應邀訪問倫敦皇家學會，並報告放射線的研究成果，但因瑪麗亞是個女性，而被拒絕上台。由鐳主導的新產業開始發展，但居里夫婦沒有申請專利，從未打算從這個產業獲利。

　　1906年4月一個下雨天，因於射線感染而身體越來越差的居里先生，在巴黎一座橋上遭馬車撞上身亡。心碎的居里夫人失去了伴侶，仍以堅強的意志克服一切，獨立撫育兩個女兒。並接替居里在巴黎大學的教授工作，成為巴黎大學首位女教授。她希望建立世界

一流的實驗室，以告慰皮埃爾在天之靈。

1921年，美國總統沃倫・蓋瑪利爾・哈定在白宮舉行儀式，將美國為她募集到的1克鐳贈送給居里夫人，以表達對她最高的敬意。在居里夫人的帶領之下，鐳學研究所出了四位諾貝爾獎得主，包括女兒伊倫和女婿。愛因斯坦曾評論，居里夫人大概是世上唯一不為名利腐蝕的人。1995年，她成為首位憑藉自身成就埋葬於先賢祠的女性，居里夫人是女權主義的先驅。

二、女性時尚專家

法國時裝設計師、香奈兒品牌的創始人加布裏埃・香奈兒（Gabrielle Bonheur Chanel, 1883-1971）說：

要變得無可取代，就必須永遠與眾不同。
我的生活不曾取悅於我，所以我創造了自己的生活。
一個女孩應該擁有兩樣，她自己和她想成就的。

時尚教母可可・香奈兒強烈的個人魅力，讓她在時尚圈裡更加耀眼，令人崇拜。自信又一絲不苟的工作哲學，為她打造了香奈兒品牌。她的傳記被拍成電影，她的回憶錄《我沒有時間討厭你》，告訴你在瞬息萬變、競爭激烈的時尚圈，必須要有精準的眼光及嶄新的想法，才能脫穎而出！

可可・香奈兒的男裝化風格，簡單中見昂貴，成為20世紀時尚界重要人物之一。她倡導全新的「生活方式」，賦予女性行動自由又不失溫柔優雅。她對高級訂製女裝的影響，令她被《時代雜誌》評為20世紀影響最大的百大人物之一。

一百年前，可可・香奈兒可謂女權先驅，她知道要追求自我夢

想，創造自己想要的生活；她堅持與眾不同，勇敢做自己。她給予有夢想且不甘於平凡的現代女性，很大的啟發與動力。

三、女性企業家

王永慶的女兒王雪紅（1958年出生），畢業於美國柏克萊加州大學經濟學碩士班。學成後回台灣成立威盛電子，擔任董事長，受訪時表示：「沒跟父親要一毛錢」，是把母親給的房子拿去抵押，借了五百萬新台幣創業。之後她又創立宏達國際電子（宏達電，HTC），擔任董事長。

王雪紅得獎紀錄無數，《華爾街日報》評為「全球最值得關注的50位商界女性」（2005年），美國《商業週刊》評選為「2005年亞洲之星」。2006年，因總身價高達七百億新台幣，成為亞洲女性首富。2009年獲得「年度華人經濟領袖獎」（鳳凰網），2011年獲得「APEC企業女性獎」（APEC），2011年獲得「全球百大最具影響力女性排行榜」第20名（《富比士》雜誌）及「全球50大女強人榜」第20名（《富比士》雜誌），2013年獲得「全球百大最具影響力女性排行榜」第46名（《富比士》雜誌），2015年獲得「全球前5大最有錢的科技女人」（新加坡市調公司Wealth-X）。

四、女性政治家

近年來世界各國女性從政人數大增，好幾位擔任總統或首相，表現均相當出色，例如：英國首相梅伊（Theresa May）、德國總理梅克爾（Angela Merkel）、智利總統巴切蕾特（Michelle Bachelet）、愛沙尼亞總統卡尤萊德（Kersti Kaljulaid）。但與男性

人數相較，比例仍然太低。

我國也有女性總統及女性縣市長，以新任台中市市長盧秀燕（1961年出生）來說，早年她任職華視新聞記者，曾任《華視晚間新聞》氣象主播。離開華視後她參選台灣省議員，後來又連續參選立法委員，均高票當選（連任六屆立法委員），如2016年獲得近十一萬票。公民監督國會聯盟八次評鑑，她均為第一名國會優秀立委。2018年她當選台中市市長，是中國國民黨內首位女性直轄市市長。

 第二節　女性領導的特色

儘管現代職場的性別角色已愈來愈淡化，但在「男尊女卑」之觀念根深柢固的中華文化環境裡，女性領導人必須突出個人風格與能力，才能被看見、被尊重。在下列方面，女性領導具有較多優勢：

一、善於描述願景

女性領導者善於將自己的興趣與夢想，轉化為群體的目標與行動。她會努力營造合適的工作環境與組織文化，希望達到上下「雙贏」的情境。對於團體目標和追隨者的發展，同時都有助益。她們願意協助下屬成長，更注重集體成功。

女性的情感豐富，語言表達能力強，能清晰地表達自己的意願、工作目標。她們喜歡與人交流，設法使訊息（口語及文字）透過各種管道，在組織內部及外部順暢傳達，進而提高組織效率與績

效。女性比較有耐心，在跨部門合作時，願意多花時間為人講解以形成共識。

二、善於互動、傾聽與協調

女性領導者重視與他人的聯繫及責任，常反思其決策或其他的領導行為，給追隨者帶來哪些影響。她們不只希望看到下屬的工作表現，也喜歡與下屬進行深度交談。她們關心下屬的生涯目標、家庭狀況與工作心情，能從多元角度認識員工。因為員工和組織的關係不可能絕對的「公私分明」，個人情緒或家庭影響仍不免帶到職場上，連帶影響工作士氣與績效。女性主管會找出適當的互動方式，協助下屬解除其內憂外患，達到完整與有效的領導。

女性善於開啟非工作的話題，拉近與下屬的距離，讓團體的氣氛比較溫暖、和諧。也許是受到長期以來女性「相夫教子」的責任感影響，女性的協調能力較強，能依靠親和力有效地增強團體凝聚力。

三、較不在乎頭銜與階級、重視細節

女性對職銜、位階較不在乎，更在意工作上能否自我發揮或學習成長；所以對於工作有理想性，能堅持自己想走的路。女性的敏感度較高，能感受周圍環境細微的波動、潛伏的風險。這可能是因為女性多年來處於弱勢地位，對一些事情較無能為力，所以只能從細節處設法「趨吉避凶」。也因此更容易把握商業或改變的契機，獲得新的發展機會。

女性在考慮問題、制定計畫和提出方案時，能更加具體、細

緻、周全、切合實際、易於操作，所以也更容易被理解、接受和執行。這對於現今很多對細節有特殊要求的工作和崗位而言，是很大的優勢管理能力。

四、耐心及有韌性

長期以來，女性大都處於被壓迫的位置，同時承擔著家庭、社會等雙重負荷，使她們更具有自制力、忍耐力及抗壓力。特別在處理一些較枯躁、細緻的重複性工作時，比男性更有耐心，也較少發脾氣。

女性主管不輕易冒險，穩健有韌性。不論客戶要求多少或多急迫，女性主管都能耐著性子承受並全力配合；中途碰到什麼問題，女性也較有毅力撐到最後。即使陷入逆境，女性也易於將心中委屈或挫折感找到可信任的人盡情傾訴，壓力緩解後「再出發」。

第三節　女性領導力的磨練

愈來愈多企業與組織意識到增加女性主管的益處，人口老化、人才短缺及激烈競爭，使許多公司開始重新調整對女性主管的看法。雖然育兒假和彈性工時及信心不足等，是女性升遷的障礙。但**對於職場女性，還是要多鼓勵她們相信自己，並積極爭取成功，尤其是剛開始工作的年輕女性。**在上位的女性更應鼓勵其他女性一起努力，以幫助更多女性成功。

職場女性需要機會均等與適才適所，而非特權保障或特殊優惠。否則，本來依能力及貢獻的升遷，卻被認為是通融、同情，這

也是一種歧視。女性想及早衝破「玻璃天花板」，必須努力的是：

一、自信與尊重

女性常較為客氣、謙虛、親切、樂於助人，這本是好的特質，但在工作上提出個人建議或與同事合作時，就會給人不夠果斷、堅定，甚至所學不足的感覺。不只無法顯示女性的高度專業及純熟技術，還會失去別人對妳應有的尊敬與信任，影響妳的主管權威。所以要恰當地認同自己而不苛求自己，要努力發揚長處，更要注意補短。

女性若自覺不被看重而委屈，甚至情緒低落、四處喊冤，則上司與同事更不會同情妳。再次證明了社會上「男主外，女主內」的傳統觀點，認定女性不適合與男性在職場上共同競爭。

即使女性自覺自信足夠，仍要勉勵自己再提升，用事實與實力來證明自己、說服別人。因為社會上對女性需承擔的經濟壓力、社會責任較男性為低，導致某些女性在職場上衝刺的動力不足，競爭時顯得較為消極，遇到困難容易妥協。若是在意別人的感受和評價，過於注重完美和平衡，則處理問題就會猶豫不決、缺少主見，再次增加女性的自我懷疑而打擊自信。

二、精進領導與溝通能力

女性在職場上想要突破玻璃天花板，主客觀都不要太強調自己的性別。不僅要努力符合職業角色的要求，而且要善加運用女性特質的優勢，例如：細心、耐心、關心、同理心、寬容等。多幫助上司及同事，體恤及教導下屬，凝聚團隊向心力；**將女性優勢特質轉**

換成推動政策、創造績效的助力。

　　女性可展現注重人際關係與關懷面向的人性化態度，在傾聽與傾訴當中，瞭解及協助下屬解決職場困擾。女性主管能同時關注自身與下屬的職業發展，促進上下之間雙贏、共好的局面。

　　女性升上主管後要瞭解，應透過團隊一起達成目標，不是自己一個人做。對於細心又負責的職場女性來說，要放手及放心讓下屬去做的確有些困難。但好主管更重要的是欣賞、瞭解每個人的特質，讓大家以自己擅長的方式發揮。若經常把下屬的事攬在身上，除了累壞自己，也得不到下屬的認同與感謝。

　　職場女性非常認真、努力、有耐力，但擔任主管的比例卻不如男性，原因是女性通常能把一個人的工作做好，在帶領團體或指揮調度方面就較弱。雖然女性主管比較善體人意、反應靈敏，但較缺乏寬廣的「格局」，不能掌握長期的趨勢，也缺少在第一線戰鬥或應對的機會。所以女性要增加實戰經驗、多多接受磨練，而且愈早開始愈好。知識就是力量，只有不斷地學習，才能找到提升領導力的突破點。

三、訂定長期的生涯目標

　　要仔細考慮與選擇適合自己的生涯目標，制定個人的生活和職業發展路徑，有計畫的從短程目標開始（一年之內），進而中程目標（三至五年），最後為長程目標（十年之內）。如果沒有具體目標，成功不會從天而降。生涯規劃的習慣愈早開始愈好，及早消除影響自己生涯發展的各種阻隔因素，如「大專生涯阻隔因素量表」，可測出最常存在著幾個發展阻隔因素的狀況，例如：

1.意志薄弱：生涯選擇受到父母、他人影響，忽略自己真正合適的選擇。或雖能立定志向，往往因為不能持之以恆或失去毅力而放棄。這時該想一想「我的理想是什麼？」、「我應該堅持哪些部分？」，然後掌握方向去努力。

2.行動猶豫：雖然有自己的想法與目標，但可能因為擔心、害怕或缺乏信心，而遲遲無法展開實際行動。若能先建立信心，或利用一些策略自我督促將可改善。

3.資訊探索：對目前社會或工作環境的資訊太過缺乏，或不清楚資訊取得的管道。應強化資訊的收集與瞭解，才能有效率地做生涯探索。

4.特質表現：個性過於被動且缺乏主見，或沒有規劃的習慣，抱持「船到橋頭自然直」的態度，極不利於自己的生涯探索。宜加以真切面對調整，才有機會改變狀態。

5.方向選擇：有些人未來發展的方向模糊，而無法明確規劃或預作努力。這時應先多花時間探索自己的興趣、能力、社會現況等，找出方向才不會做錯選擇。

6.科系選擇：許多人進入非原先期待的科系，應先給自己一些時間沉澱，再透過其他方法（如做興趣測驗）與師長朋友討論，尋找合宜的未來發展。

7.學習狀況：如果對所處環境的學習狀況不滿意，或學習心態不適當，則可能因此無法有好的學習態度。這時需要覺察這現象背後為何，在認知與行動上有所調整，才能自然投入學習。

8.學習困擾：許多人因為同儕互動狀況不佳或其他問題而無法全心投入學習。亟需回到根源處理困擾的來源，或調整學習習慣。

　　所以，要能分析自己的現狀，確定自己擁有哪些資源，找到自己想要追求的人生目標，包括事業、婚姻、家庭⋯⋯。女性的人生目標當然可以包括為升遷而做的努力，若已婚且有子女，因為不是一個人生活，所以必須與家庭成員充分溝通，使大家的意見達成一致。

四、自我經營與行銷

　　職場女性應讓公司知道妳可以做些什麼？即使妳以自己為傲，也別奢望別人會「三顧茅廬」。為了獲得升遷或表現，妳必須讓人們認識妳，知道妳做了什麼。在職場上，自我行銷是必要的。如何讓老闆看到妳的熱情和專業，一定要有主動的行為。**成功女性會創造機會或定期向上級報告工作進度，讓決策人士感受到妳的積極、正面以累積好印象。**

　　有時女性自己也不清楚潛力所在，只是一味地投入工作。她們志不在高官厚祿，只期望能發揮自己；但卻常默默耕耘，不懂得「露臉」。雖然不會積極自我行銷，但也不甘受到不平等對待。女性禁得起磨練，所以不願意坐冷板凳。

　　女性在工作上遭受挫折，常想到「回家」，很少撐到底、不放棄。如果動不動就搬出離職回家照顧小孩，公司怎可能把重要的工作交給妳？讓女性在工作上一再受挫的挑戰是家庭，這是埋在女性身上的不穩定因子。女性所承擔的各種社會角色之間的衝突比男性多，特別是受家庭事務拖累較大，難以找到家庭和事業的平衡點，久而久之，對工作能力的提升會造成一定的影響。

五、積極表現，承擔責任

職場上，老闆最希望員工是可以授權的「將才」，不是畏畏縮縮、不敢承擔責任。所以女性若能「主動」要求上司授權，接下別人不敢做的工作，自然可以得到更多表現的機會。即使不完全熟悉，也可以邊做邊學、接受挑戰。做錯了也是寶貴的經驗，可以磨練自己、累積經驗，也考驗自己的潛力。

對於職場女性來說，要避免從事太多不須思考及高度技能的工作。例如：會議紀錄、規劃聚餐、室內裝潢、煮咖啡、訂便當、經營社群媒體、接電話、操作影印機或影音軟體、訂購列印紙張及衛生紙等。要把注意力專注在妳真正的職務上，並設法「物超所值」——超越上司及客戶的期待。有時，不見得是傳統「重男輕女」的觀念壓抑女性的發展，反而是女性不認為自己具有領導才能，只想當個一流的秘書。

社會一般還是認為女性應該照顧家庭、溫柔婉約，讓許多女性被限制在這個框架中，不知道自己是有選擇的、有方法可以突破、可以追求多重成就，以致企圖心不夠強。因為社會一般對女性沒有特別期待，女性也就少了對自己的期待，實在可惜，所以女性要自立自強，培養積極心態，相信自己能夠戰勝壓力與困難。

六、提高情緒智商（含同理心）

女性的標準升遷方式是非常努力，用更多成果來贏得肯定與賞識，升遷都是自己爭取、贏得的。但當上主管之後又不太有信心，不知道自己能不能做得好，甚至容易情緒低潮。碰到問題不易冷靜，急於解決、顯得慌亂，導致情緒化反應和主觀評斷等現象。

職場上若想獲得真正的成功，女性不要給人有機會批評你「情緒化」，尤其在管理下屬時更忌諱情緒激動。女性在面對挫折時必須採正面的態度，不讓自己落入負面情緒中。要表現得更冷靜，不疾言厲色，把目標說清楚，再嚴格要求部屬執行。對於未達目標的同事也不破口大罵，而是就事論事要求提出解決方案。**不管多累多急，「保持笑容」、「放輕鬆」是職場女性必須學習的功課。**

情緒對於個人的身心健康都有著重要的影響，若能從積極角度看事情，就能增強信心、樂觀奮鬥；反之，就會悲觀、消極。 女性領導者應該培養積極的情感，克服消極的情感。

總之，女性應對自己的觀念及行為有所覺察，自覺愈多，愈能改變與進步。

我 的 生 活 實 驗

小實驗：不論你是男性或女性，你最推崇的女性楷模是誰？對你有哪些激勵？

大實驗：不論你是男性或女性，請訪問周遭幾位不同年齡層的親友，他們對女性主管的印象為何（包括優勢與缺點）？聽完後你的感想或想澄清（反駁）的有哪些？

校園特派記者

芷涵　國立台灣師範大學健康促進與衛生教育學系

「女性領導者的時間管理如何？」

身為女性常感覺很難兼顧工作與家庭，尤其是女性主管。而男性又怎麼看待這個狀況呢？

我覺得單純在工作方面的時間管理，男性或女性沒有太大的差別。但若把家庭一併納入考量，女性領導者的時間管理多少會受到影響。

影響的程度大小，要看女性領導者的事業心重不重，以及另一半支不支持，還有更後面的家人的態度（夫家及娘家的親人）。因為東方的傳統觀念都認為「男主外，女主內」，女性的「志業」就是顧好家庭、當個好太太。所以如果丈夫不支持女性被工作占用過多的時間，這就會影響到女性領導者在職場上的發展。可能要花許多時間與家人多次溝通，重新做家事分工與家庭時間的安排。

職場女性仍可追求事業成就，無需有罪惡感，這也是子女很好的楷模行為與教育方式。

與高手過招

神仙眷侶　林靜芸醫師與林芳郁醫師

「我在婚姻裡面從來沒有失去自我」，有「整形教母」之稱的林靜芸醫師，說起這話時平靜、自信且充滿光彩。

結婚三十多年，林靜芸的名聲一直大過夫婿林芳郁，直到四年前林芳郁當上台大醫院院長，兩人才相當。兩人個性迴異，但相互欣賞、扶持。在醫界，林芳郁是出了名的「疼某惜某」，不管走到哪裡，一定緊牽著林靜芸的手。他們倆是台大醫學院同班同學，林芳郁說：「她比我聰明，頭腦比我好。」「讓她快樂、高興是丈夫該做的。」

林芳郁很看重林靜芸的能力，也支持她有自己的舞台，所以新婚開始就僱人打理家事，讓妻子無後顧之憂。兒女吵著要林靜芸辭職回家帶小孩，林芳郁把小孩叫過來問：「你喜不喜歡上學？」「喜歡啊！」「那媽咪也喜歡去上班，而且我們都受過正規的醫學教育，應該要讓她去發揮長處。」

儘管再相愛，他們也有過婚姻低潮。當時孩子還小，兩人和多數夫妻一樣，工作、家庭兩頭燒，林芳郁說：「一定要找改善的方法，再努力把它拉起來，這才是人生。」

最讓林靜芸感動的是，當她碰上醫病糾紛，輿論壓力讓她深受打擊，幾乎夜不成眠，甚至一度想放棄白袍生涯時，林芳郁不斷給她加油打氣：「這沒關係，一定會過去的，我相信妳是個好醫師。」那段時間，林芳郁每晚睡前就拿了本教人如何把人生發揮到極致的英文書*Cutting Edge*，逐字逐句、一頁一頁唸給她聽，伴她入眠。

自 我 激 勵

　　不論你是男性或女性，從此都要正視愈來愈多女性擔任領導者這個事實，早點破除性別刻板印象或玻璃天花板。兩性相互欣賞與支持，團結力量大，不論對家庭幸福或事業成功，都能事半功倍、相輔相成。

與大家一起看的風景，會更美妙

參考書目

王祥瑞（2009）。《李嘉誠再談做人・做事・做生意》。台北市：大都會。

王淑俐（2018）。《壓力圓舞曲——大學生的壓力管理》。新北市：心理。

王淑俐（2017）。《情緒與壓力管理——幸福「馬卡龍」》。新北市：揚智。

王淑俐（2017）。《會做人，才能把事做好》。台北市：三民。

王淑俐（2013）。《做人難・不難：職場溝通的10堂講座》。台北市：三民。

王淑俐（2009）。《與時間賽跑——擺脫瞎忙的40個法則》。台北市：三民。

王淑俐（2014）。《掌握成功軟實力——8個時間管理的黃金法則》。台北市：三民。

王淑俐（2015）。《爬坡・越野・馬拉松——大學生的時間管理》。新北市：心理。

王瑞永編著（2015）。《魔鬼藏在細節裡：92個你不得輕忽的職場壞習慣》。台北市：上奇資訊。

方祖芳、楊路譯（2013）。Stuart Wyatt著。《最困難的事別交給最有能力的人》（*The Secret Laws of Management 40 Essential Truths for Managers*）。台北市：大樂文化。

何飛鵬（2016）。《管理者的對與錯》。台北市：商周。

李碧涵等譯（2013）。Mark Fidelman著。《打造你的社群力——商場贏家新武器》。新北市：博碩。

李瑞玲等譯（1999）。Daniel Goleman著。《EQ II——工作EQ》。台北市：時報。

沈方正（2018）。〈服務業主管的「忍耐之道」〉。《Cheers雜誌》，第217期，頁24-25。

吳佩玲等譯（2014）。Daniel Goleman等著。《哈佛教你帶人學》。台北

市：天下文化。

吳學剛編著（2013）。《愈工作愈快樂——稻盛和夫的幸福工作學》。台
北市：上奇。

吳務貞（2000）。〈群育〉。載於劉真主編《教育大辭書》。台北市：文
景。

周宗禎、鄭維真（2018）。〈成大醫院開刀房濺血，掀白色巨塔霸凌疑
雲〉。《聯合報》，A3，2018年9月28日。

祖宜譯（2013）。渡部卓著。《這樣說，比罵人更有效》。台北市：商
周。

桂千杰編著（2017）。《放棄，就是最大的失敗——馬雲給創業者的12堂
管理課》。台北市：有意思。

許書揚（2013）。《CEO最在乎的事》。台北市：天下雜誌。

張美惠譯（1996）。Daniel Goleman著。《EQ》。台北市：時報。

張美惠譯（2006）。Daniel Goleman著。《EQ十周年紀念版》。台北市：
時報。

張美惠譯（2011）。Tom Rath與Donald O. Clifton著。《你的桶子有多
滿？》。台北市：商周。

傅葉（2014）。Jonathan Franklin著。《天崩地裂之後：33位智利礦工的現
代奇蹟》。台北市：四塊玉文創。

潘東傑譯（2006）。彼得‧杜拉克著。《視野：杜拉克談經理人的未來挑
戰》。台北市：天下文化。

歐陽端端譯（2013）。Daniel Goleman著。《情緒競爭力UP》。台北市：時
報。

盛治仁（2018）。〈別成為好員工離職的推手〉。《聯合報》，A13，2018
年4月17日。

簡毓棻譯（2018）。藤田結子著。《為母則強，偶爾也要放過自己——一
位社會學家的真切提醒》。新北市：世潮。

韓沁林譯（2015）。Rick Hanson著。《大腦快樂工程》。台北市：遠見天
下。

齊若蘭譯（2010）。彼得‧杜拉克著。《杜拉克談高效能的5個習慣》。台
北市：遠流。

蔡宏明譯（2009）。蘇珊‧貝慈著。《人人都要學的熱血激勵術》。台北

市：麥格羅・希爾。

劉純佑等譯（2016）。Daniel Goleman等著。《跟著哈佛修練職場好關
　　係》。台北市：天下文化。

劉錦秀譯（2012）。大前研一著。《新領導力——克服危機時代的領導者
　　條件》。台北市：商周。

鄭煥昇譯（2015）。Paula Rizzo著。《為什麼精英都是清單控：紓解焦慮，
　　提升效率，輕鬆管理工作、家庭》。台北市：三采。

穆志濱（2009）。《台灣首富郭台銘生意經》。台北市：文經閣。

領導與溝通——從「終點」看「起點」的努力

作　　者/王淑俐
出 版 者/揚智文化事業有限公司
發 行 人/葉忠賢
總 編 輯/閻富萍
特約執編/鄭美珠
封面設計/彭于珊
內頁插畫/胡鈞怡
地　　址/22204 新北市深坑區北深路三段 260 號 8 樓
電　　話/(02)8662-6826
傳　　真/(02)2664-7633
網　　址/http://www.ycrc.com.tw
 E-mail　/ service@ycrc.com.tw
 I S B N　/ 978-986-298-321-8
初版一刷/2019 年 2 月
定　　價/新台幣 280 元

國家圖書館出版品預行編目（CIP）資料

領導與溝通：從「終點」看「起點」的努力 /
王淑俐著. -- 初版. -- 新北市：揚智文化,
2019.02
　　面；　公分

　ISBN 978-986-298-321-8(平裝)

　1.領導理論　2.溝通

541.776　　　　　　　　　　　　108002079

Notes

Notes

Notes

Notes